JN089755

授業の腕が上がる新法則シリーズ

「道徳」
1〜3年生編

授業の腕が上がる新法則

監修 **谷 和樹**

編集 **河田孝文・堀田和秀**

☀ 学芸みらい社
GAKUGEI MIRAISHA

刊行のことば

谷　和樹 （玉川大学教職大学院教授）

1　「本人の選択」を必要とする時代へ

今、不登校の子どもたちは、どれくらいいるのでしょうか。

> 約16万人※1

この数は、令和元年度まで6年間連続で増え続けています。小学校では、144人に1人、中学校では、27人に1人が不登校です。

学校に行けない原因が子どもたちにあるとばかりは言えません。もちろん、社会環境も変化していますから、学校にだけ責任があるとも言えません。しかし、学校の授業やシステムにも何らかの問題があると思えます。

以前、アメリカでPBIS（ポジティブな行動介入と支援）というシステムを取り入れている学校を視察しました。印象的だったのは「本人の選択」という考え方が浸透していたことです。その時の子ども本人の心や体の状態によって、できることは違います。それを確認し、あくまでも本人にその時の行動を選ばせるという方法です。

これと教科の指導とを同じに考えることはできないかも知れません。しかし、「本人の選択」を可能にする学習サービスが世界的に広がり、増え続けていることもまた事実です。例えば「TOSSランド」は子ども用サイトではありませんが、お家の方や子どもたちがご覧になって勉強に役立てることのできるページもたくさんあります。他にも、次のようなものがあります。

> ①オンラインおうち学校※2
> ② Khan Academy※3
> ③ TOSS ランド※4

さて、本書ではこうしたニーズにできるだけ答えたいと思いました。

> 激動する社会の変化に対応する教育へのパラダイムシフト〜子どもたち「本人の選択」を保障する考え方、そして幅広い「デジタル読解力」を必須とする考え方を公教育の中で真剣に考える時代が到来しつつあります。

　そこで、教師の「発問・指示」をきちんと示したことはもちろんですが、「他にもこんな選択肢がありますよ」といった内容にもできるだけ触れるようにしています。

2　「デジタルなメディア」を読む力

　PISA2018の結果は、ある意味衝撃的でした。日本の子どもたちの学力はそれほど悪くありません。ところが、「読解力」が前回の2015年の調査に続いて今回はさらに落ちていたのです。本当でしょうか。日本の子どもたちの読解力は世界的にそれほど低いのでしょうか。実は、他のところに原因があったという意見もあります。

> パソコンやタブレット・スマホなどを学習の道具として使っていない。

　これが原因かも知れないというのです。PISA が CBT といってコンピュータを使うタイプのテストだったからです。

　実は、日本の子どもたちはゲームやチャットに費やす時間は世界一です。ところが、その同じ機械を学習のために有効に使っている時間は、OECD 諸国で最下位です。もちろん、紙のテキストと鉛筆を使った学習も大切なことは言うまでもありません。しかし、写真、動画、Web ページなど、全教科のあらゆる知識をデジタルメディアで読む機会の方が多くなっているのが今の社会です。

　そうした、いわば「デジタル読解力」について、今の学校のカリキュラムは十分に対応しているとは言えません。

　本書の読者のみなさんの中から、そうした問題意識をもち、一緒に研究を進めてくださる方がたくさん出てくださることを心から願っています。

※１　文部科学省初等中等教育局児童生徒課『平成30年度児童生徒の問題行動・不登校等生徒指導上の諸課題に関する調査結果について』　令和元年10月　https://www.mext.go.jp/content/1410392.pdf
※２　オンラインおうち学校（https://www.alba-edu.org/20200220onlineschool/）
※３　Khan Academy (https://ja.khanacademy.org/)
※４　TOSSランド (https://land.toss-online.com/)

まえがき

「特別の教科　道徳」が実施されて、２年が経過した。

この２年間、道徳の授業はどのように変わったのか。

現場の先生方から聞かれる声は、「教科書を使わなければいけないので、自分のやりたい授業ができなくなった」「文章で評価を書かなければいけなくなったので大変」などが多い。

授業以外のところでの変化を感じているのである。

では、実際の授業は何か変わったのか。

変わっていない、というのが現状だ。

相変わらず「読み物資料を読み、登場人物の気持ちを問い、教師が説話をして終わる」という授業が主流である。

「特別の教科　道徳」のキーワードは、次の２つである。

①考え、議論する道徳
②多面的・多角的な考え

この２つを満たす授業が、どれだけ行われているだろうか。

私たちは、多面的・多角的な考えを引き出すような「考え、議論する道徳」を展開していくことに、真摯に向き合わなければならない。

私は、若いころから TOSS 道徳に魅了され、TOSS 道徳の指導法を実践してきた。

TOSS 道徳では、「力のある資料」を使って、「教師の体験、知見に満ちた語り」で授業を組み立てる。TOSS 道徳の授業を行えば、子どもたちは道徳の授業が好きになる。

TOSS道徳の授業は必要だ。学習指導要領にも、投げ込み教材で授業をしてもよいことは明記されている。

　その一方で、教科書教材を使った楽しい道徳の授業プランや実践を共有していくことが急務である。

　本書では、教科書を活用した道徳の授業をメインに提案している。

　新学習指導要領の授業に合った学びができるように、次の３つの発問を入れて授業を展開している。

---

①主体的な学びの発問指示

②対話的な学びの発問指示

③深い学びの発問指示

　特に、「対話的学びの発問指示」を使えば、子どもたちの多面的・多角的な考えを引き出し、議論型の授業を展開することが可能である。

　各学年・内容項目別に、様々な教科書会社の教材を入れて授業プランを作成した。有名教材も入っているので、全国の先生方に役立つ内容となっていると思う。

　また、「いじめ」と「情報の取り扱い」、低学年で必要になる「ソーシャルスキル」についての授業についても、具体的にプランを提案していただいた。

　本書は、「そのまますぐに使える」ように、発問指示を明記している。

　ぜひ、本書を教室の本棚に入れていただき、子どもたちに楽しい道徳の授業を展開していただきたい。

　それが、子どもたちの道徳心を高める近道である。

堀田和秀

目　次

第Ⅰ章　この題材に "このネタ" プラス／全社関連題材一覧

第Ⅱ章　新教科書を利活用した、楽しい道徳授業

第Ⅲ章　5つの授業の型で、低学年道徳の教科書を攻略する！

第Ⅳ章　あなたならどうする？ 「自分のこと」として考えさせる道徳授業づくり

第V章　TOSS道徳の「生き方5原則」を授業で提案する

「東京書籍」教材の利活用 1〜3年

 このプラスワン教材で授業がさらに盛り上がる！

1．1年教材にプラスワン

【教材名】「あいさつ」（内容項目：礼儀）

【あらすじ】一日の様々な場面でのあいさつを考える。その中で「気持ちのよいあいさつ」とはどういうものかを考えていく。

【プラスワン教材はこれ！】

「四つのポイントから授業の構成を」（向山洋一監修『TOSS道徳「心の教育」（6）授業で教える「低学年のしつけ」』明治図書、p.25）

よいあいさつの仕方を、ロールプレイを通して考えていく授業

①（笑顔と眠そうな顔を見せて）どちらのあいさつがいいと思いますか。

②どうして眠そうな顔ではいけないのですか。

③あなたなら、相手の人が気持ちよくなるために「①えがお②あかるいこえ・げん気なこえ③先に」の中からどれであいさつしようと思いますか。ひとつ決めましょう。

④お隣さんと練習します。

【他社の関連教材】 日文1年 「どんなあいさつをしますか」／ 光村1年 「あかるいあいさつ」／ 学図1年 「あいさつ」「大きなこえでいえるといいな」／ 学研2年 「広がるあいさつ」／ 教出1年 「あいさつのことば」／ 光文1年 「あいさつでげんきに」／ あかつき1年 「こんなときなんていうの」

2．2年教材にこのプラスワン

【教材名】「だっておにいちゃんだもん」（内容項目：家族愛、家庭生活の充実）

【あらすじ】妹が熱を出し、母が来られなかったことに落ち込み、怒っていたさとし。しかし、妹に読み聞かせをし、喜ぶ妹の様子を見て、優しいおにいちゃんになる。

【プラスワン教材はこれ！】

「「一粒の豆」で「孝行」を教える」（向山洋一監修『TOSS道徳「心の教育」』（5）心に響く「力のある資料」で生き方を教える道徳授業』明治図書、p.35）

親や家族の思いに触れ、家族のためにできることは何かを考える授業

①（赤ちゃんが生まれた時の家族写真を見せて）この写真を見て、分かったこと、考えたこと、思ったことを言います。

②「一粒の豆」を読み聞かせる。

③感想を書く。

【他社の関連教材】 光村2年 「ぼくのサッカーシューズ」／ 学図2年 「お母さんの手」／ 学研2年 「おふろプール」／ 教出2年 「ぼくもがんばるよ」／ 光文1年 「ぎんのしずく」／ あかつき2年 「おばあちゃんのおふろ」

3. 3年教材にプラスワン

【教材名】「一本のアイス」（内容項目：正直、誠実）

【あらすじ】わたしは、お母さんにアイスを1本しか食べていないとうそをついてしまう。すっきりしない気持ちでいるが、ようやく本当のことを話し、ほっとする。

【プラスワン教材はこれ！】

「ウソはつきません！」（向山洋一監修『TOSS道徳「心の教育」（6）授業で教える「低学年のしつけ」』明治図書、p.82）

うそをついた子の心の色を考え、正直に生きようとする態度を育てる授業

①（男の子が花瓶を割った後、お母さんにうそをつく絵を見せ）どうしてうそをついたのでしょう。

②男の子の心のなかは、どんな色でしょうか。─ハートを塗らせる。

③暗い気持ちや、もやもやした気持ちではなく、明るい気持ちになるためには、どうすればよかったですか。

【他社の関連教材】 日文3年 「まどガラスと魚」「ごめんね」／ 学図3年 「びしょぬれの本」「まどガラスと魚」／ 教出3年 「まどガラスと魚」／ 光文2年 「ねこがわらった」／ あかつき3年 「まどガラスと魚」「ぬれた本」

（原田はるか）

「日本文教出版」教材の利活用 **1〜3年**

 このプラスワン教材が授業を楽しくする！

1. 1年教材にプラスワン

【教材名】「どんなあいさつをしますか」（内容項目：礼儀）

【あらすじ】イラスト教材。どんな時にどんなあいさつをしているか、あいさつをするとどんな気持ちになるかを考える。

【プラスワン教材はこれ！】

「挨拶の意味―相手に気持ちを伝える大切さ」（長谷川博之編著『小学生がシーンとして聴く道徳話100選』学芸みらい社、p.36〜37）

あいさつの「言葉の意味」を学ぶ授業

①みなさんが知っているあいさつの言葉を、お隣の人にできるだけたくさん言い合いましょう。―おはよう、こんにちは、さようなら、など。

②「こんにちは」は漢字を使って書くと「今日は」。なぜこれがあいさつになるのでしょうか。―本来は「今日はいい日ですね」などと続くから。

③「こんにちは、いい日ですね」とお友達に言ってみましょう。

④「こんばんは」「おはよう」も同様に行う。

【他社の関連教材】 東書1年 「あいさつ」／ 光村1年 「おしゃべり」「わすれていること、なあい」／ 学図1年 「大きなこえでいえるといいな」／ 教出1年 「あいさつのことば」 光文1年 「あいさつでげんきに」 光文2年 「あいさつがきらいな王さま」／ あかつき1年 「こんなときなんていうの」 あかつき2年 「たびに出て」

2. 2年教材にこのプラスワン

【教材名】「虫が大好き―アンリ・ファーブル」（内容項目：自然愛護）

【あらすじ】小さいころから虫や自然が大好きだったファーブルは、たくさんの虫について調べた。虫の観察が終わると、ファーブルは虫に優しく話しかけながら、自然の中に帰してあげた。

【プラスワン教材はこれ！】

「トンボを助けたゴルファー」（向山洋一監修『親と教師の虎の巻　説教より読み聞かせ』騒人社、p.46〜50）

生き物を大切にする気持ちを学ぶ授業

①福澤義光さんというプロゴルファーがいました。

②あるゴルフ大会でのこと。次の一打を打つためにボールのそばへ来た福澤さんは、手でボールを拾い上げてしまいました。これはルール違反です。

③なぜそんなことをしたと思いますか。―トンボを逃がすため。

④たとえルール違反になっても、トンボを助けてあげる方を選んだのです。

【他社の関連教材】 東書2年 「まいごになった赤ちゃんくじら」「げんきにそだて、ミニトマト」／ 光村2年 「かえってきたホタル」／ 学図2年 「からすの子」

3．3年教材にプラスワン

【教材名】「お父さんからの手紙」（内容項目：生命の尊さ）

【あらすじ】健一の誕生日に、お父さんは健一が生まれた時のことを手紙に書いて送る。そこには生まれた時から病弱だった健一に対する、お父さんの気持ちが綴られていた。

【プラスワン教材はこれ！】

「生きてます、15歳。」（向山洋一監修『TOSS道徳「心の教育」（15）親子の絆をつくる「無償の愛」の授業』明治図書、p.98〜104）

子に注がれる無償の愛を知り、親への感謝の気持ちを育む授業

①（写真を見せて）井上美由紀さん。体重は何gだったと思いますか。―500g。

②頭は「卵くらい」、太ももは「大人の小指」、5本の指は「つまようじ」の太さだったそうです。感想をお隣さんに言いなさい。

③さらにお医者さんからこう言われました。―お母さん、美由紀ちゃんの目は、ものを形として見ることはできないでしょう。

④お母さんが美由紀さんに書いた手紙を紹介します。

【他社の関連教材】 東書3年 「いただいたいのち」／ 学図3年 「ふしぎのふしぎ」／ 学図3年 「ヒキガエルとロバ」／ 教出3年 「光祐くんのアサガオ」／ 学研2年 「だっこしながら」／ 光文3年 「いのちのまつり」／ あかつき2年 「なつこが生まれたころ」／ あかつき3年 「たん生日おめでとう」

（津田泰至）

「光村図書」教材の利活用 1～3年

 POINT! このプラスワン教材で感動のある授業を創る！

1. 1年教材にプラスワン

【教材名】「ありがとうがいっぱい」（内容項目：感謝）

【あらすじ】 3つの挿絵から、ありがとうの気持ちを考える。①きゅうしょくを作ってくれてありがとう（給食のスタッフさん）。②おそうじをしてくれてありがとう（お父さんお母さん）。③まもってくれてありがとう（おまわりさん）。

【プラスワン教材はこれ！】

「ありがとうと当たり前」（長谷川博之編著『小学生がシーンとして聴く道徳話100選』学芸みらい社、p.44）

身近な言葉の大切さに気付かせたい授業

①最近「ありがとう」と言った場面を近くの人に言ってごらん。

②「ありがとう」と反対の言葉はなんでしょうか。

③「ありがとう」の反対は「当たり前」です。電気、水道、家、家族などみなさんが当たり前と思っていることが、外国では当たり前でない人もいます。

④助けてもらった時や、プレゼントをもらった時だけではなく、普段「当たり前」と思っていることにも「ありがとう」の気持ちを持てるようにしましょう。

【他社の関連教材】 東書1年 「みんなだれかに」／ 日文1年 「ありがとう」／ 学図1年 「「ありがとう」を見つけよう」／ 教出1年 「おとうさんありがとう」／ あかつき1年 「いつもありがとう」

2. 2年教材にこのプラスワン

【教材名】「ぴかぴかがかり」（内容項目：勤労、公共の精神）

【あらすじ】 流し掃除を毎日ていねいにしていた主人公だったが、水が冷たくなり、こすらずに水を流すだけに。ある日、黒ずんできた流しを見て、再びていねいに掃除をすると、手を洗っていた1年生が「流しがきれいで気持ちいい」と話しているのを聞き、心を入れ替える話。

【プラスワン教材はこれ！】

「掃除ができる子は他のこともできる」（長谷川博之編著『小学生がシーンとして聴く道徳話100選』学芸みらい社、p.18）

【学校生活をよりよくする授業】

①掃除は物を大切にする活動です。物を大切にできる子は、友達も大切にすることができると言われています。

②ディズニーランドでは、お客様を感動させるため、どの場所も15分に1回は掃除をします。楽しくてきれいな園内だから、多くの人が集まるのです。

③偉いお坊さんは、見習いの若者に「家でお椀と茶碗を洗ったか？」と言いました。目の前の物をきれいにできない者は立派なお坊さんにはなれないのです。

④掃除に一生懸命取り組むと、心もきれいになっていきます。

【他社の関連教材】 東書1年 「ぼくのしごと」／ 日文2年 「本がかりさん　がんばっているね」／ 学図2年 「行け！　ホワイトインパルス」／ 学研2年 「森のみんなと」／ 光文2年 「きれいになったずこうしつ」

3. 3年教材にプラスワン

【教材名】「きまりのない国」（内容項目：規則の尊重）

【あらすじ】 きまりや約束を守ることが苦手なけんたが、きまりのない国に連れていってもらった。そこでは子どもたちは好きなことだけをいつまでもできた。けれど、順番や信号も守らない国で……。

【プラスワン教材はこれ！】

「日本人の礼儀正しさ」（堀田和秀著『道徳教科書フル活用！「楽しい道徳の授業プラン』』学芸みらい社、p.102〜104）

【どんな困難な時もゆずり合える日本人のすばらしさを知る授業】

①阪神淡路大震災の時に、海外の記者が驚いたことがあります。大変な状況にもかかわらず、日本人がきちんとルールを守っていたことです。

②これは、何をしているところですか。―水をもらうために並んでいる写真。

③水不足で、並んで水をもらわなければなりませんでした。ある国では必ず取り合いになったり、順番を守らず喧嘩になったりするそうです。大変な状況でも、ゆずり合って順番を待っていた日本人に、海外の記者は驚いたのです。

【他社の関連教材】 東書2年 「かくしたボール」／ 日文1年 「ありがとう」／ 学図3年 「あめ玉」／ 教出3年 「音のこうずい」／ あかつき2年 「おじさんの手紙」

（堀田知恵）

「学校図書」教材の利活用 **1～3年**

 POINT! このプラスワン教材で子どもの心に響く授業を創る!

1．1年教材にプラスワン

【教材名】「むかしあそび」(内容項目：伝統と文化の尊重、国や郷土を愛する態度)

【あらすじ】かずみさんは「むかしあそび」であやとりのグループに入ったが、つまらないと感じる。次の日おばあさんがゲストでやってきていろんな技を見せてくれる。夢中になって練習し、むかし遊び名人を目指す。

【プラスワン教材はこれ!】

「親守詩」の授業(親守詩全国大会公式サイト)

伝統に親しみ、親から子への感謝の気持ちを表す

①「子守詩」を知っていますか。これは親から子に、元気に育ってほしいという願いを込めて歌った詩です。

②「親守詩」は、誰から誰に歌った詩でしょう。—子から親。

③昔の遊びのひとつに「俳句」というものがあります。5・7・5のリズムで作る詩です。おうちの人へ「大切だよ」「ありがとう」という気持ちを込めて作りましょう。

【他社の関連教材】 東書1年 「みつけてみよう」／ 光村1年 「にほんのあそび」／ 教出1年 「日本のぎょうじ」／ 光文1年 「まちたんけん」／ あかつき2年 「楽しいお正月」

2．2年教材にこのプラスワン

【教材名】「ぼくは二年生」(内容項目：善悪の判断、自律、自由と責任)

【あらすじ】よしおくんが学校に急いでいると、1年生のみっちゃんがしょんぼり立っていた。声をかけるか迷ったが勇気を出して声をかけ、一緒に学校に行ってあげるというお話。

【プラスワン教材はこれ!】

アレックスのレモネードスタンド(自作：YouTubeで検索)

自分の考えや思いを伝えることの大切さ

①アレックスという女の子は、小児がんという病気でした。

②病気のアレックスは、どんなことをしようと思ったのでしょう。―レモネードを売って病気の子どもを治すお金を稼ぐこと。

③アレックスがやろうと思ったことはかないましたか。―かなう。

④庭先で始めた小さなレモネード屋さんは、アメリカ中に広がりました。

⑤たとえ病気でも、自分の命が短くなっていても、最後まで自分のやろうと思ったことを命をかけてやったアレックス。感想を書きましょう。

【他社の関連教材】 東書２年 「おれたものさし」／ 光村３年 「たった一言」／ 教出２年 「つよいこころ」／ 光文３年 「友だち屋」／ あかつき１年 「ぽんたとかんた」

3. 3年教材にプラスワン

【教材名】「あめ玉」（内容項目：規則の尊重）

【あらすじ】「わたし」は、駅のホームでチューインガムをふんでしまい、不愉快な気持ちになる。でも、電車の中で女の子が落としたあめ玉をお姉さんが拾っている姿を見てすがすがしい気持ちになる話。

【プラスワン教材はこれ！】

「日本人の礼儀正しさ」（師尾喜代子編『教室がシーンとなる"とっておきの話"100選「心の鏡」』明治図書、p.174）

どんな困難な時もゆずり合える日本人のすばらしさを知る授業

①人は誰でも心の中にぴかぴかの鏡を持っています。

②この鏡、曇ってしまうことがあるんです。どんな時だと思いますか。

③心の鏡は、曇っているなとわかっているとよいのですが、ひどくなると曇っていることもわからなくなってしまうのです。

④誰にでも曇らせてしまうことはあります。一番かわいそうなのは曇っていることに気付けないことです。曇った鏡、どうしたらぴかぴかになりそうですか。

⑤人間は間違ったり、失敗したりしてたくさんのことを学びます。心の鏡が曇ったら気付いて自分でぴかぴかにできる人になってください。

【他社の関連教材】 東書３年 「きまりじゃないか」／ 日文３年 「ちゃんと使えたのに」／ 光村３年 「かるた遊び」／ 学研３年 「なかよしポスト」／ 光文３年 「心の優先席」

（大濱和加子）

5 | この題材に"このネタ"プラス／全社関連題材一覧

「学研教育みらい」教材の利活用 1〜3年

 このプラスワン教材で優しい子どもに育てよう！

1．1年教材にプラスワン

【教材名】「はりきり　いちねんせい」（内容項目：善悪の判断、自律、自由と責任）

【あらすじ】かばおくんが1年生になり、いろいろなことをしている。その中から、すてきなことをしているかばおくんについて、話し合う。

【プラスワン教材はこれ！】

「相手の様子を見て、声をかけよう」（堀田作成コンテンツ）

表情だけではなく、まわりの状況を見て声のかけ方を考える授業

① （泣いているネズミさんの顔だけを見せて）どんな声をかけますか。

② （「忘れ物をした」「先生に怒られている」「転んで泣いている」様子を見せて）どんな声をかけますか。

③その子の様子を見て、声をかけることが大切なのです。

※教科書掲載のネズミの顔だけをトリミングし、スライドを作るとよい。

【他社の関連教材】 東書1年 「ダメ」「それって、おかしいよ」／ 日文1年 「やめろよ」／ 学図1年 「あなたなら、どうする？」／ 教出1年 「なんていったらよいのかな」／ あかつき1年 「どんないちねんせいになるのかな」

2．2年教材にこのプラスワン

【教材名】「きらきらみずき」（内容項目：個性の伸長）

【あらすじ】自分のよいところが分からない「みずき」さん。ある日、友達が転んだ時に保健室につれていき、保健室の先生がほめてくれたことをきっかけに、自分のよいところを見つけることができた、というお話。

【プラスワン教材はこれ！】

「もらって嬉しい「ハッピーレター」（シリウス）」（教員サークル「シリウス」の教育実践法）

「EDUPEDIA」より https://edupedia.jp/article/54dde46ecd92d3943c6c6cb0

クラスの友達のよいところを見つける授業

　この教材終了後、クラス全体で「ハッピーレター」に取り組ませる。

①もらった人が嬉しくなるように、いいところ・素敵なところを書く。

②誰かからハッピーレターをもらったら、必ず返事を書く。

③書いた手紙は、ポスト（適当な箱）に入れる。

④ある程度たまったら、配達係に配ってもらう。

　配られた手紙を読んで、嫌な気持ちになることがあったら、すぐに先生のところに言いに来るように話をする。

【他社の関連教材】 東書2年 「ありがとう、りょうたさん」／ 日文2年 「いいところみつけた」／ 光村2年 「どうしてうまくいかないのかな」／ 教出2年 「とおるさんのゆめ」／ 光文1年 「ぼくにもあるかな」／ あかつき2年 「とべないペンギンくん」

3. 3年教材にプラスワン

【教材名】「家のパソコンで」（内容項目：規則の尊重）

【あらすじ】てつおは、家でパソコンを使うために、お父さんと3つの約束をする。しかし、無料ゲームができることを教えてもらったことで、3つの約束をやぶり、ゲームをしたことで黒い画面になり怖くなるお話。

【プラスワン教材はこれ！】

「危険サイトから自分を守る二つのステップ」（向山洋一監修『TOSS道徳「心の教育」(13)』学芸みらい社、p.89〜95）

危険サイトに出合った時の対処法を学ぶ授業

①日本の新聞にこういう見出しがありました（「インターネットを介して麻薬売買」「中学二年生がネット詐欺百件」などの見出しを出す）。

②ネットをやっていると、「大人向けのページ」に遭遇することがあります。入りますか（「数十万円の請求が来ることがある」ことを教える）。

③インターネットにつないだ時、変な画面が出てくるかもしれません。そんな時は、どうすればいいですか。―大人の人に言う。

※ディズニーの「ネチケットを学ぼう」のサイトを見せるのも有効である。

　「Disney キッズ」より https://kids.disney.co.jp/netiquette.html

【他社の関連教材】 東書3年 「ひみつの手紙」／ 日文3年 「ちゃんと使えたのに」／ 光村3年 「やめられない」／ 教出3年 「新聞係」／ 光文2年 「ネットマナーを身につけましょう」／ あかつき3年 「考えようインターネットの世界」

（堀田和秀）

「教育出版」教材の利活用 1～3年

 このプラスワン教材で相手のことを心から考える子に育てる！

1．1年教材にプラスワン

【教材名】「すきなものを見つけよう－澤　穂希－」（内容項目：個性の伸長）

【あらすじ】澤穂希選手からのメッセージ。夢を持つことの大切さ、夢に向かって努力を続けることの大切さが、子どもたちへ書かれている。

【プラスワン教材はこれ！】

「石川遼選手（ゴルフ）・本田圭佑選手（サッカー）」の小学校時代に書いた作文（検索方法：「石川遼　作文」）

 世界で活躍する人は、小さい時から夢を持ち努力する

①これはある世界的に有名な人が書いた作文です。誰が書いた作文でしょう。

②（石川選手、本田選手がどれだけ活躍したか紹介した後）この三人に共通していることは何ですか。

③世界で活躍している人は、みんな夢のためにがんばり続けてきたのですね。

【他社の関連教材】 東書1年 「ええところ」／ 学研3年 「鬼太郎をかいたゲゲさん」／ 光文3年 「世界一うつくしい体そうをめざして－内村航平－」

2．2年教材にこのプラスワン

【教材名】「みほちゃんと、となりのせきのますだくん」（内容項目：友情、信頼）

【あらすじ】おとなしくて気の弱いみほちゃんと、乱暴者のますだくんのそれぞれの視点から見た話。ある日、みほちゃんの鉛筆をますだくんは投げてしまう。みほちゃんは「いじわる！」と言って大泣きしてしまう。

【プラスワン教材はこれ！】

「となりのせきのますだくん」「ますだくんの１ねんせい日記」（武田美穂・作絵、ポプラ社）「ともだちやもんなぼくら」（くすのきしげのり・作／福田岩緒・絵、えほんの杜）

友達とは都合のいい人をいうのではない

①友達とはどんな人のことですか。「友達とは○○○」「○○○なのは友達」を できるだけたくさん書きましょう。

②このお話には続きがあります（「となりのせきのますだくん」「ますだくんの １ねんせい日記」を読み聞かせる）。友達とはどんな人のことですか。書き ましょう。

③「ともだちやもんなぼくら」を読み聞かせる。

④友達とはどんな人のことですか。書きましょう。

【他社の関連教材】 東書2年 「森のともだち」／ 日文2年 「およげないりすさん」／ 光村2年 「よかったよ」／ 学図2年 「ゆっきとやっち」／ 学研2年 「水の広場」／ 光文1年 「ぼくは　いかない」

3. 3年教材にプラスワン

【教材名】「悪いのはわたしじゃない」（内容項目：よりよい学校生活、集団生活の充実）

【あらすじ】いつも自慢をするれな。そのことをよく思わないまい子、ゆき、 なおが「れなを無視する」ことになる。さらに筆箱を隠す。担任の先生から 「いじめ」についての話を聞き、なおは、れなのところへ向かった。

【プラスワン教材はこれ！】

「学校の失敗」（向山洋一著、扶桑社、p.235）

いじめは加害者の脳も加害者の脳も破壊する

①人はいじめられると脳のある部分が弱ってきます。「ヘビの脳」「ネコの脳」 「ヒトの脳」３つの脳のうちどれが弱ってくるのでしょう。

②人はいじめられると「ヘビの脳」が弱ってくるのです。「ヘビの脳」は人間 が生きていくためにもっとも大切な脳です。ここが弱ってくると生きていく 力がだんだん無くなっていきます。つまり、いじめをする人は、相手の生き る力を奪っているのです。命を縮めているのです。

③それだけではありません。いじめていると、「ヘビの脳」から強いホルモン が出ます。それは体にとって良くないホルモンです。いじめている人は、自 分自身の脳も自分で傷つけているのです。

【他社の関連教材】 東書3年 「しょうたの手紙」／ 学図3年 「大なわとび」／ 光文3年 「こまるのはだれ？これでいいのかな」

（大濵和加子）

「光文書院」教材の利活用 1〜3年

 このプラスワン教材でソーシャルスキルを身につける！

1. 1年教材にプラスワン

【教材名】「みんなでたのしく」（内容項目：友情、信頼）

【あらすじ】イラスト教材である。子どもたちが運動場で遊んでいる絵が掲載されており、「仲良くするために気をつけたいこと」を話し合う。

【プラスワン教材はこれ！】

「友達と遊ぼう！　仲間に入れてもらおう！」（向山洋一監修『TOSS道徳「心の教育」（6）』明治図書、p.47〜49）

友達と遊びたい時に、どのように声をかけるかを教える授業

①遊んでもらえない時、いやだなあと思うのはなぜですか。

②友達に遊んでもらえない時は、どうすればよいですか。—「入れて、と言う」「大きな声で声をかける」など。

③どんな風に言えば、分かってもらえるかな。お隣さんとやってごらん。

④友達が遊んでいて聞こえない時、どうやって伝えたらいい？　お隣さんとやってごらん。

【他社の関連教材】 東書1年 「こころはっぱ」／ 光村1年 「なかよくね」／ 教出1年 「なかなおり」／ あかつき1年 「およげないりすさん」

2. 2年教材にこのプラスワン

【教材名】「くつかくし」（内容項目：善悪の判断、自律、自由と責任）

【あらすじ】みっちゃんのくつがなくなり、みんな困ってしまう。手分けしてさがしたが出てこず、みっちゃんは別のくつをはいて帰るというお話。

【プラスワン教材はこれ！】

「必ず見ている人がいる」（向山洋一監修『TOSS道徳「心の教育」（6）』明治図書、p.82〜86）

①くつ隠しや物隠しは、どうして起こると思いますか。—誰も見ていないから、ばれないと思うから。

②誰も見ていないと思うかもしれないけど、本当は悪いことをしていると必ず二人が見ているのです。一人は誰ですか。—神様。

③もう一人は、誰ですか。—自分自身。

④友達や先生はだませても、自分自身はだませないよ。悪いことをしていると、脳から「体に悪い薬」が出て、体が悪くなったり、長生きできなかったりすると言われています。

【他社の関連教材】 東書２年 「おれたものさし」／ 日文２年 「ある日のくつばこで」／ 学図２年 「ゲームをしていたつもりなのに」／ 教出２年 「つよいこころ」／ 学研２年 「みんなのニュースがかり」

3. 3年教材にプラスワン

【教材名】「太郎のいどう教室」（内容項目：節度、節制）

【あらすじ】いつも部屋を散らかしている太郎。ある日、宿題プリントが見つからず、お母さんにあたってしまった太郎は、お父さんから「それはちがう」と言われ、部屋の整理整とんを始める、というお話。

【プラスワン教材はこれ！】

「片づけをすることは探しものをする時間を少なくすることである」（『TOSS道徳「心の教育」(16)』明治図書、p.102〜107）

片づけをすると、どんないいことがあるかを教える授業

①１年間に、みんなが探しものをしている時間は、だいたいどれぐらいですか。予想してノートに書きます。—６週間。

②机の中をどのように整理すれば、探しものをする時間を減らせますか。

③ロッカーの中をどのように整理すれば探しものをする時間を減らせますか。

※机やロッカーの整理をさせ、探しものがしやすいことを実感させる。

【他社の関連教材】 東書３年 「ゆうすけの朝」／ 日文３年 「ぼくを動かすコントローラー」／ 教出３年 「あなたならできる」

（堀田和秀）

「廣済堂あかつき」教材の利活用 1～3年

 POINT! このプラスワン教材で努力する子どもを育てる！

1.1年教材にプラスワン

【教材名】「まりちゃんとあさがお」（内容項目：生命の尊さ）

【あらすじ】朝顔の種を植え、毎朝水やりをし、花をつけたことに大喜びするまりちゃん。ところが、あんなにきれいにさいていた朝顔がしぼんでしまい悲しむ。しかし、それは終わりではなく、「命はつながっている」とおばあちゃんが教えてくれる。

【プラスワン教材はこれ！】

　絵本「たったひとつのドングリから」（ローラ・M・シェーファー、アダム・シェーファー）

生命のつながりを体験から意識付ける授業

①ドングリから出ているのは何ですか。―芽、双葉。

②ドングリが育って集まってきたのは誰ですか。―ウサギ、リス、虫……。

③この芽が出ているものは何ですか。―ドングリ。

【他社の関連教材】 東書2年 「げんきにそだて、ミニトマト」「ゆきひょうのライナ」／ 日文1年 「うまれたてのいのち」／ 光村2年 「生まれるということ」／ 光村3年 「生きている仲間」／ 教出1年 「たのしかったハイキング」／ 光文1年 「みんなみんな生きている」

2.2年教材にこのプラスワン

【教材名】「おばあちゃんのおふろ」（内容項目：家族愛、家庭生活の充実）

【あらすじ】体が不自由だが、ベッドの中から私に声をかけてくれる、大好きなおばあちゃん。家族が協力しておばあちゃんの入浴を助ける。すると、気持ちよさそうにお礼を言ってくれた。さらに、母がねぎらってくれた。

【プラスワン教材はこれ！】

　絵本「おてつだいの絵本」（辰巳渚）

①自分ができそうなお手伝いはどれですか。

②そのお手伝いをして、誰を喜ばせたいですか。

③お手伝いにチャレンジしましょう。

【他社の関連教材】 東書2年 「だっておにいちゃんだもん」「まる子のかぞくへのしつもん」／ 日文2年 「おふろばそうじ」(希望・努力)／ 光村1年 「これならできる」／ 学図2年 「ぼくにできること」／ 学研2年 「おふろプール」／ 光文2年 「げんかんそうじ」

3.3年教材にプラスワン

【教材名】「光るえんがわ－北里柴三郎－」(内容項目：希望と勇気、努力と強い意志)

【あらすじ】柴三郎は、親せきの家にあずけられていた。おばさんに言われて毎日縁側のふき掃除。縁側が光っていくことが嬉しい。もっとぴかぴか光る縁側にしようと考える。おばさんの家で過ごす最後の日も、いつものように拭き掃除をした。

【プラスワン教材はこれ！】

「努力の壺」(朝日新聞コンクール入選作 1 『子どもを変えた"親の一言"作文25選』明治図書、p.47〜49)

自分の決めた目標に向かって、粘り強くやり抜く意欲を培う授業

①あなたが今持っている目標は何ですか。

②努力とは何か知っていますか。

③努力はやればやった分だけできるようになるものだと思いますか。

④目標を達成するためには努力を続けることが必要不可欠です。でも、それを難しくさせる原因がこの壺にはあります。今のあなたならそれは何ですか。

⑤松井選手がヤンキースに入団する時に「夢は(　　　)に　努力は(　　　)に」と言ったそうです。(　)の中には何という言葉が入るでしょう。

「ふたばのブログ」より https://futabagumi.com/archives/182.html

【他社の関連教材】 東書3年 「一りん車にのれた」「あんぱんの日〜木村安兵衛・英三郎」／ 日文3年 「うまくなりたいけれど」「がんばれ友ちゃん」／ 光村3年 「スーパーパティシエ物語」／ 光村1年 「やればできるんだ」／ 学図3年 ・ 光文3年 「ぼくらは小さなかにはかせ」／ 学研3年 「ソフトボールで金メダルを」／ 教出3年 「楽しめばすきになる」

(三枝亜矢子)

善悪の判断、自立、自由と責任 1年
「ぼくはいかない」（光文書院）

 POINT! ソーシャルスキルと連動して、実生活に生かす。

【あらすじ】

「ぼくはいかない」は、土曜日の午後に、魚取りに行く話だ。魚を取りに行くみどり川は、子どもだけで行ってはいけない場所になっている。やすおくんは、魚をつかまえたいので、「行こう」と、主人公のしんちゃんを誘う。一緒に遊んでいた他の二人も「行かないなんて、弱虫だ」と言う。でも勇気を振り絞って、しんちゃんは行かないとはっきり言う。しんちゃんの行動から、「善悪の判断、自立、自由と責任」について考える資料になっている。

1．資料を読み聞かせる

　まず、教師が範読をする。

　1年生なので、自分で読ませても、なかなか話が入ってこない。教師がゆっくりと読み聞かせることで、内容を理解することができる。

2．お話の状況を理解させる

【発問1】どんなお話ですか。

　何人かに聞く。断片的な内容を何人かに聞くことで、お話の概要が分かるようになる。そして、お話を整理していく。

【発問2】誰が出てきますか。

　登場人物が整理されていく。本教材では、しんちゃん、やすお、あきお、ふみひこが登場する。

【発問3】主人公は誰ですか。

　誰の行動を中心にして考えるかを絞り込む。今回は、しんちゃんの行動に目

を向けさせる。観点がずれると、いじめの授業になり、目標からずれかねない。

さらに、低学年では、会話を誰が言っているのかを混同しやすい。会話文の上にしんちゃんなら、「し」と書いておくことが大切である。会話文を整理することで、問題が何かを明確にできるのだ。

【指示1】「ここはいけないな」というところに線を引きましょう。

みんなの行動で、ここはいけないなあというところに線を引かせることで、考える内容を浮き出させるようにする。

線を引いたところは、以下のようなところである。理由まで聞くことで、問題がより明確になる。

・やすおくんが「みどりかわに　さかなを　つかまえにいこうよ」というところに線を引きました。行ってはいけないところにいったからです。
・あきおくんと　ふみひこくんの「そうだ。いこうよ」というところに線を引きました。行ってはいけないのに、「行こう」と言ったからです。
・あきおくんと　ふみひこくんの「そうだ。いこうよ」というところに線を引きました。行ってはいけないのに、おもしろそうだからといって、行こうとしたからです。
・三人が、「よわむしだなあ」と言ったところです。しんちゃんは、断ったのに、連れて行こうとするからです。
・三人が、「ともだちでは　ないぞ」と言ったところです。悪いことを一緒にするのが、友達ではないからです。

1年生なので、自分の教科書にも線を引かせたり、板書をしたりすることで行動を見える化するようにする。

3．意見を交流する

5つの線のことについて、意見交換をした。子どもたちは、行ってはいけないと決まっているところには行ってはいけない、悪いことをしていたら、断るという意見が多かった。

【発問4】しんちゃんの行動で、「えらいな」「すごいな」とおもったところに線を引きなさい。

これによって、悪い行動をしてはいけないという考えから、善悪の判断を検討する授業へとなる。

　1年生の教材は、答えが決まっているものが多い。当たり前のことを当たり前に考えさせるようにしたい。多面的に考えると、混乱しやすい。

【発問5】このお話で勉強した大切なことは何ですか。

　子どもたちがこのお話で勉強したことは、以下のような内容だった。
・悪いとわかっていることは、してはいけない。
・悪いことをしようとしたら、断りたい。
・悪いことをしないように、友達と遊びたい。

【指示2】自分の身のまわりで、ああすればよかった、こうしていきたいということを書きましょう。

　自分の身の回りのことだと、多くの意見が出てくる。ついついしてしまったこともある子どもたちもいる。正直に言えた子どもは賞賛して、これからの行動につなげるようにしたい。
・入ってはいけないところに入ったことがあります。おもしろそうだったからです。だけど、危ないからこれからはやめたいです。
・悪いことをしていたら、注意したり、断ったりすることができるようになりたいです。お父さんやお母さんや先生の話をちゃんと聞きたいです。
　次のページは、ソーシャルスキルを養うページになっている。学校生活を振り返ることができる。その時の言い方を考えさせる機会になる。

【評価のポイント】※感想文、発表を元にする。
　価値理解　自分の行動を振り返り、悪いことしないようにする内容が書かれているか。
　人間理解　おもしろそうだと、ついつい悪いことをしてしまうという内容が書かれているか。
　他者理解　自分の意見と違う友達の意見を聞いて、自分の生活に生かそうとする内容が書かれているか。

（下窪理政）

1 「自分自身」を磨く道徳授業（2）

正直、誠実
「子だぬきポン」（学研教育みらい）

POINT! **善悪はきちんと教える。**

　子だぬきのポンが、うそを重ねどうしようもない状況になるお話を通して、うそやごまかしをしないこと、正直に生きることの大切さに気付かせることができる資料である。

1．資料を読み聞かせる

　資料のお話の大体を押さえるために、読み聞かせる。

　内容項目は、正直・誠実だが、暗いお話ではない。

　コミカルなキャラクターの挿絵も見せて、楽しく、明るく読み聞かせたい。

【楽しさのポイント】
・登場人物が分かるように、声を変えながら読み聞かせる。
・明るく読むためには、活舌よく（歯を見せながら）読む。

2．あらすじを確かめる

【発問1】どんなお話ですか。
【指示1】隣近所の人と言い合いっこしなさい。

　言い合いっこした後は、全体で発表させ、共有する。子どもたちの発言は、短くて良い。教師とのやり取りで、登場人物、押さえたい行動や発言を確認していく。

例）子ども「ポンがうそをついた話です」→教師「それでどんなうそをついたの？」→子ども「ロボットを作ったといううそです」→教師「他には？」　など。

【楽しさのポイント】
低学年は、挿絵があった方がイメージしやすい。拡大コピーしたものを、子どもの発言にあわせて黒板に貼っていく。文字だけでは、考えにくい登場人物の気持ちなども挿絵の表情を参考にさせるとわかりやすくなる。

3．うそをつくポンの気持ちを考える

　この資料の良いところは、単にうそをついたということだけではない。

　うそを隠すために、さらにうそをつく、うそを重ねるとどうなるかという点が分かる資料である。うそを重ねていることに気付かせる。

【発問2】ポン君は、全部でいくつのうそをつきましたか。

　4つのうそである。1つずつ確かめる。

【発問3】それぞれどんな気持ちだったのでしょうか。

①作ったことがないのに、もっとかっこいいロボットを作ったといううそ。
　―自慢したい。

②ぼくのうちにはくりの木があるといううそ。―友達に自慢したい。

③しまをぐるぐる回れるほど泳げるといううそ。―自慢したい、泳げないことを隠したい。

④おなかがいたいといううそ。―うそがばれないかな、ドキドキ。

【楽しさのポイント】
低学年の子どもは、なりきるのが得意だ。発表させる時に、役割演技と言わずとも、「ポン君みたいに、タヌキ風に言ってみて」などの指示で、子どもたちの発言が活性化し、教室も盛り上がる。

4．どこでうそをつくのをやめればよかったか聞く

　ポンが良いか悪いかと問えば、ほぼ全員の子は、「悪い」と言う。

「良い」がいても、決してうそをつくことが、「良い」「悪い」の討論にしてはいけない。ポンの気持ちは分かるが、入門期の道徳は、善と悪をしっかりと教えないといけないからだ。

【主発問】
ポンは、4つのうそのどこで、やめればよかったですか。
【指示2】理由もノートに書きなさい。

・最初のうその前、最初からうそはつかない方がいいから。

・2つ目のうその前、絶対、見せてと言われるから。

・3つ目のうその前、泳げないのにとても上手と言ったから。

・4つ目のうその前、ばれる前に謝ればよいと思うから。

　うそをつき続ける前に、どこかでやめる勇気が必要なことに気付かせたい。

【楽しさのポイント】
子どもたちは、教室の中のいろいろな意見を聞くことが大好きだ。「4つ
の中から選ぶ」という選択肢型は、どの子も自分の意見が持てるし、自然
と自分の意見と比べて考えることができる。

5．うそをつき続けるとどうなるか

「うそは、いけない」ということに気付かせる。

【発問4】うそをつき続けるとどうなりますか。

・いつかは、うそはばれる。　・友達がいなくなる。

・ずっとうそをつかないといけない。

【楽しさのポイント】
子だぬきのポンが良い悪いではなく、うそをつくことについてどう思うか
考えさせたい。時には、「うそも方便」的な意見を言う子もいるかもしれ
ないが、善悪はきちんと教える。教師が教えてよい。

6．知的な説話を入れる

　誰にも気付かれないだろうと思って、うそをついたり、こっそりと悪いこと
をしたりしていませんか。でも、誰も見ていないだろうと思っていても、きっ
と誰かが見ているのです。昔から日本には、「お天道様が見ているから悪いこ
とはできない」や「神様が見ているから悪いことはできない」というような言
い伝えがあります。

　そして、もう一人必ず見ている人がいます。誰だと思います？　「自分」です。

　誰も見ていないと思っていても、自分だけは見ているのです。ずーっとその
ことが心に残ります。あの時、謝ればよかったなぁと思う時もきます。

　だから、うそや隠れて悪いことはせず、明るく正直に生きるのがよいのです。

（平松英史）

節度、節制
「かぼちゃのつる」（東京書籍）

 かぼちゃの行動から、自分のことをふり返って考える。

「かぼちゃのつる」は、かぼちゃが周りの生き物たちの注意を聞かず、どんどんつるを伸ばしていく。道を越えて、すいかに迷惑をかけたり、犬を困らせたりする。それでも伸ばしていき、つるがトラックにひかれる。かぼちゃは、つるが切れて、痛い目にあってしまう。かぼちゃの行動から、「わがまま」について考える資料になっている。

1．資料を読み聞かせる

まず、教師が範読をする。

1年生なので、自分で読ませていては、なかなか話が入ってこない。教師がゆっくりと読み聞かせることで、内容を理解することができる。

2．お話の状況を理解させる

【発問1】どんなお話ですか。

何人かに聞く。断片的な内容を何人かに聞くことで、お話の概要が分かるようになる。そして、お話を整理していく。

【発問2】誰が出てきますか。

登場人物が整理されていく。本教材では、かぼちゃ・はち・ちょう・すいか・犬・トラックが登場する。

【発問3】主人公は誰ですか。

誰の行動を中心にして考えるかを絞り込む。どのお話でも転用可能で、毎回聞くようにすれば、安定した授業の土台を作ることができるようになる。

【指示1】かぼちゃの「ここはいけないな」というところに線を引きましょう。

　かぼちゃの行動で「ここはいけないな」というところに線を引かせることで、考える内容を浮き出させるようにする。

　線を引いたのは、以下のようなところである。理由まで聞くことで、問題がより明確になる。

- はちが、「あのね、そっちにのびてはだめですよ。そこは人の通る道ですよ」と言っているのに、かぼちゃは言うことを聞かなかったからです。
- ちょうが、「あなたのはたけは、まだまだすいてますよ」と言ったのに、かぼちゃは聞かないで、つるを伸ばしたからです。
- かぼちゃが、「いやだい。ぼく　こっちへ　のびたいんだい」と言ったところです。まわりの虫たちの言っていることを聞かないから。
- すいかが、「ここはわたしのはたけだから、はいってこないでくださいよ」と言っているに、「ちょっとぐらいいいじゃないか」と言っているのが、いけないなあと思いました。
- 犬が、「こんなところまで　のびては　こまるよ」と言っているのに、聞かないでどんどんつるを伸ばしていった。

　1年生なので、自分の教科書にも線を引かせたり、板書をしたりすることで行動を見える化するようにする。

3．意見を交流する

　5つの線のことについて、意見交換をした。人の話を聞かないですることが悪いと思うという意見が多かった。

　みんなのことを考えていないのでいけないという意見もあった。1年生の初期なので、指名なし発表をして、意見をたくさん言わせるようにしたい。同じ意見になることもあるが、ここは全て発表させるようにした。

　1年生は、1つのことに意見が集中する。意見を切り返して、他の考えがありますかという方法より、授業に参加させて、意見を言うことが楽しいと思ったり、どんどん意見を言いたいという意欲を持たせたりすることを優先にしたい。

【発問4】このお話で勉強した大切なことは何ですか。

　子どもたちがこのお話で勉強したことは、以下のような内容だった。

・人の話を聞くことが大事です。

・注意を受けたら、すぐに直す。

・わがままを言ったら、人の迷惑になる。

【指示2】自分の身のまわりで「ああすればよかった」「こうしていきたい」ということを書きましょう。

　自分の身のまわりのことだと、多くの意見が出てくる。学校生活と家庭生活のことを混同した意見も出てくる。そこで、まずは家庭生活のことに関係することから、意見を出させた。

・ほしいお菓子があって、買ってもらえなかった。わがままを言ったなと思いました。

・どうしてもほしいゲームがあって、買ってもらえなくて泣いてしまいました。いつでも買ってほしいから、泣いたらいけないなと思いました。

学校生活では、以下のような意見が出た。

・すべり台の順番を守らなかった。友達とけんかになったので、順番を守りたいです。

・友達とかるたをしていて、負けそうだったからやめた。いけなかった。

　低学年は、残りの時間で「ソーシャルスキルかるた」を使う。ソーシャルスキルかるたで、関連したことを一括して学べる。

【評価のポイント】※感想文、発表を元にする。

価値理解　わがままな行動を振り返り、自分の生活を改善する内容が書かれているか。

人間理解　わがままは、まわりの人に迷惑をかけると分かっているけど、わがままを言ったり、したりした内容が書かれているか。

他者理解　自分の意見と違う友達の意見を聞いて、自分の生活に生かそうとする内容が書かれているか。

（下窪理政）

1 「自分自身」を磨く道徳授業（４）

個性の伸長
「お母さんの「ふふふ」」（日本文教出版）

「わたし」の行動から、「主体的な学び」を引き出す。

【主体的な学びの発問指示】友達のよいところを見つけて、付箋に書きなさい。

【対話的な学びの発問指示】「わたし」のしたことで、いいなと感じたところを発表しなさい。

【深い学びの発問指示】初めにいいところを書いた友達以外の友達のいいところを見つけて、付箋に書きなさい。

「お母さんの「ふふふ」」は、「わたし」がクラスで毎日行っている「いいところみつけ」の時に、「加藤さん」のいいところを見つけることのできた「わたし」の行動について考えさせる資料である。

１．資料を読み聞かせる

まず、教師が範読をする。

道徳は、国語の学習ではない。ゆっくりと読み、子どもにお話をインプットさせる。

２．お話の状況を理解させる

【発問１】登場人物は、誰ですか。

【発問２】「わたし」のクラスで毎日行っていることは、何ですか。

【発問３】「わたし」が気になっていることは、何ですか。

【発問４】「お母さん」が、「ふふふ」と笑ったのは、なぜですか。

発問では、リズム・テンポよく聞くことで全体を巻き込んでいく。登場人物のすべてを答えられなくてもよい。抜けているところがあれば、「追加がある人」と聞き、補完していくことが大切である。発問２と３も同様で、一問一答でさっと答えていくことが大切である。発問４は、複数の答えが考えられる。

抜けている部分を補完する形で、進めるのが良い。

３．対話をさせる発問を行う

【主発問】
「わたし」のしたことで、いいなと感じたところは、どこですか。

【指示１】ノートに、いいなと感じたところを書きます。書けたら、その理由も書きなさい。

　自分の意見が書けた子から、ノート持ってこさせる。教師は、そのノートに〇を付ける。よい意見を書いているから〇をするのではなく、意見を書いていることを認める〇である。

【「いいなと感じたところ」回答例】
・みんなのいいところを聞くと、嬉しくなるところ。
・「いいところみつけ」に出てこない人を見つけたところ。
・「加藤さん」のいいところを見つけたところ。
・「加藤さん」のいいところを見つけるために、加藤さんに話しかけているところ。

４．意見交換させる

　ノートと黒板に書いた意見をもとにして、意見交換をさせる。

【指示２】教室の中心に机を向けなさい。友達と意見交換をしなさい。

　友達の意見を聞く。どれも自分が考えた、素晴らしい意見である。
　友達がなぜそのように考えたかを聞くことで、他者理解につながっていく。

５．自分の生活に戻って考えさせる

　このままだと、意見交換をしただけになる。
　実際に子どもたちが「いいところみつけ」を体験することが大切である。

【発問５】友達のよいところを見つけて、付箋に書きなさい。

「わたし」と「加藤さん」の体験していることを、実際に体験するのである。

実際に渡し、渡されることで、渡す側の気持ちも、そして、渡される側の気持ちも体験することができるのである。

さらに、付箋に書くことが大切である。

付箋に書いて渡すと、実際に相手の喜ぶ様子も分かる。

その体験が何より大切なのである。

6．もう一歩の突っ込みをさせる

前記の発問だけでは、いいところみつけで発表されなかった「加藤さん」のような子を生み出してしまう。

そこで、以下のもう一歩の突っ込みをさせることが大切である。

【発問6】初めにいいところを書いた友達以外の友達のいいところを見つけて、付箋に書きなさい。

このように指示・発問することで、もらえなかった子を生み出さない。

さらに、いろいろな子のよいところを見つけた子も褒めることができるのである。そして、最後に感想にまとめさせる。

このことにより、学習を振り返らせる効果がある。

【指示3】今日の感想を書きなさい。

【評価のポイント】※感想文を元にする。

価値理解 「いいところみつけのよかったところ」といった内容が書かれているか。

人間理解 「色んな人のいいところ認める」内容が書かれているか。

他者理解 色んな人のよいところが書かれているか。

（大井隆夫）

希望と勇気、努力と強い意志
「一りん車にのれた」（東京書籍）

 POINT! ターニングポイントの前後で対比、自分と対比する。

　東京書籍に「一りん車にのれた」という教材がある。

　一輪車に乗りたい女の子が、何度も失敗しながら乗れるようになっていく話だ。どうしてもうまく乗れない彼女は、一度諦めてしまう。

　しかし、あることをきっかけに練習を再開。友達の助けもあって、徐々にうまく乗れるようになっていく。そして最後は、さらにうまくなりたいという前向きな気持ちで終わる。

1．資料を読む

　教師が読み聞かせをする。

　3年生の子たちが場面を思い描くことができるように読み聞かせる。

2．あらすじを確認する

【発問1】誰が出てきましたか。

　登場人物を確認する。

【発問2】どんなお話ですか。
【発問3】主人公は誰ですか。

　情報が複数出されることで、話の全体像が理解しやすくなる。

3．線を引かせる

【指示1】今から言うところに、線を引きなさい。

「80ページ、6行目。『また転んでしまいました。どうしてもうまくいきません』」
「もう一か所。81ページ5行目。『（なぜ、わたしだけできないの。もう一りん

車なんか見たくない）と思い、さっさと一りん車をかたづけました』」

4．思ったことを書かせる

【指示2】今、線を引いた文章を読んで、あなたはどんなことを思いましたか。ノートに短く書きなさい。

　道徳ノートを用意し、すぐに書けるようにしておく必要がある。
・一輪車の練習はなかなかうまくいかないのだなと思いました。
・ぼくも練習をしたけど一輪車に乗れませんでした。だから、練習が嫌になる
　気持ちがよく分かります。

5．再び線を引かせ、対比させる

「それからまた練習を始めましたね。次のところに線を引きなさい。82ページ
後ろから4行目。『わたしは、せすじをぴんとさせ、こわくないと思ってゆっ
くりこぎました。ぐらぐらしているけれど、なんとかてつぼうにつかまりなが
らのれました』」

【指示3】さっきのところと、この文章を比べて、分かったこと、気付い
たこと、思ったことを書きなさい。

　書かせることが重要だ。書くことで思考が整理されていくからだ。
・一度諦めたけれど、もう一度練習を始めたことが分かりました。
・始めのうちは全然乗れなかったけれど、この時の練習では少しだけど乗れて
　います。諦めずにやっていると、少しずつでも上手になるのだなと思いまし
　た。
・練習をする時に友達がアドバイスしてくれるとうまくなることに気が付きま
　した。
　前と対比することで、さまざまな意見が出てくる。

6．3度線を引かせ、対比させる

【指示4】次のところに線を引きます。

「83ページ１行目。『そのうち、少しずつ手もはなせるようになってきました。転び方もだいぶ上手になりました』」

「続けて、『それからも校ていでれんしゅうをしていたら、１メートルぐらい手ばなしでのれるようになりました』にも線を引きます」

　全体で読ませるなどの活動をすると、指示なしで線を引き始める子も出てくる。

【指示５】今線を引いたところと、最初の文章を比べて、分かったこと、気付いたこと、思ったことを書きましょう。

　道徳の教材の多くには、ターニングポイントの前後で心境の変化、行動の変化が文章に出てくる。そこを比べさせるのである。

　しかし、それで終わると道徳の内容項目は子どもの心に落ちていきにくい。

　さらに次の２つで詰めていく。

７．自分と対比させる

【指示６】このお話のわたしとあなたを比べて、分かったこと、気付いたこと、思ったことを書きなさい。

・ここに出てくる私は、今のわたし（自分）よりも強いなと思いました。

・私も、このお話の中のわたしのようになりたいなと思いました。

８．学んだことを書かせる

【指示７】このお話から学んだこと、または、これからどうしていきたいかということをノートに書きなさい。

・私は逆上がりができなくて、もうあきらめていました。でもこのお話を読んで、あきらめずに続けていたらできるようになると思いました。

・努力を続けることが大事だということを学びました。できなくて困っている友達がいたら、あきらめないように声をかけたいなと思いました。

※この授業は、2019年12月21日、京都大学で行われた道徳の分科会において河田孝文氏が行った模擬授業を構想追試して作ったものである。

（信藤明秀）

親切、思いやり
「公園のおにごっこ」（学研教育みらい）

2年

 「行動」を比べさせ、みんなだったらどうするかを問う。

　おにごっこという具体的な場面を通して、みんなが楽しく遊ぶためには、自分の思いばかりを主張せず、相手の気持ちを考えることが大切であるということを教えることができる資料である。

1．資料を読み聞かせる

　資料のお話の大体を押さえるために、読み聞かせる。

　範読で、物語の状況を子どもに入れる。

　ゆっくりと、句読点で句切りながら、大切な言葉は抑揚をつけながら読む。例えば「大けがをしてから」「走れません」「わざと」「おそくしました」などだ。

　学級の実態によっては、2回読み聞かせる。2回目は、指でなぞらせながら読んだり、登場人物を確かめながら読んだりするとよい。

〔楽しさのポイント1〕登場人物が分かるように、声を変えながら読み聞かせる。

2．あらすじを確かめる

【発問1】どんな話ですか。
【指示1】隣近所の人と言い合いっこしなさい。

　読み聞かせでは、話の全容をつかめない子がいる。そのような子も、隣近所と話し合う中で、登場人物やあらすじをつかむことができる。

　話し合った後は、全体で発表させ、共有する。子どもたちの発言は、短くてよい。教師とのやり取りで、登場人物、行動や発言を確認していく。例えば、子ども「鬼ごっこの話です」／教師「うん、それで、誰がやっていたの？」子ども「しんじたちです」／教師「他には？」／子ども「ゆうた、よしえ、みんなです」／教師「それで、どうなったの？」……など。次に行動について

のやり取りをする。学級の実態に応じて「挿絵」も使う。紙芝居のように提示し、人物、行動、発言を確認すればよい。

〔楽しさのポイント2〕子どもの発言はすべて認め、教師とのやり取りの中で、修正、確認していく。国語の授業ではないので、人物や発言など細かいところにはこだわらない。

3．登場人物の「行動」とその「理由」を考えさせる

本資料では、内容項目に関する登場人物・ゆうたの行動が、2つある。

その2つの行動を見つけ、その理由を考えさせる。

ゆうたの行動1

【指示2】 先生が読んだところを指で押さえます。「やがてゆうたは、ジャングルジムの方に行ってしまいました」

【指示3】 ここに線を引きましょう。

【指示4】 下に書いてある絵も見てみよう。ゆうたがジャングルジムのところにポツンといますね。

【発問2】 ゆうたが、ジャングルジムの方へ行ってしまったのは、どうしてですか。

【指示5】 それが分かる文に線を引きなさい。

線を引かせたあと、子どもに発表させる。ここでは、2つの理由が考えられる。

・ゆうたに近づくと、きゅうにむきをかえて、ほかの友達をおいかけたから。

・ほかのみんなも、ゆうたのそばに行くと、わざと走るのをおそくしたから。

ゆうたの行動2

【指示6】 先生が読んだところを指で押さえます。「ところが、ゆうたはきゅうに元気になって、みんなを力いっぱいおいかけはじめたのです」

【発問3】 ゆうたが、みんなを力いっぱい追いかけはじめたのは、どうしてですか。

【指示7】 それが分かる文に線を引きなさい

同じく発表させる。

・ゆうたにタッチしてしまったから。

〔楽しさのポイント3〕指で押さえる、線を引く等の簡単な作業指示を重ねていく。作業は、授業に参加し、考える足掛かりになる。

〔楽しさのポイント4〕挿絵も活用する。挿絵には、人物の「表情」が出ている。文脈からだけでは分からない子には、それを参考にさせる。

4．登場人物の行動を比べ、周りの子は、どうすればよかったのか問う

ゆうたの2つの行動を比べておにごっこに参加している子は、どうすればよかったのか考えさせる。主発問をする前に、状況を整理し、考える足掛かりを作っておく。

【説明】 ゆうたは、「おにごっこ」に参加する中で、誰も自分にタッチしてくれなくて、寂しくなってジャングルジムの方へ行ってしまいました。だけど、タッチされると元気になって全力で参加しました。2つを比べてみましょう。

【主発問】
ゆうたが最初から笑顔で、全力で参加できるためには、みんなだったらどうしますか。

・おにを二人にする。
・ルールを最初から決めておく。
・遠慮せずに全力でやる。
・違う遊びをする。

〔楽しさのポイント5〕相手のことを考えた「行動」であれば、すべて認める。子どもへの返しは、「相手のことを考えているね」とするとよい。

5．これからの「行動」を問う

【指示8】みんなもこういう経験ないですか。どうしていきたいか書きなさい。

長く書かせる必要はない。どうしても書けない子は授業の感想でもよい。

（平松英史）

感謝
「いつもありがとう」（光村図書）

3年

 POINT! 「ぼく」の行動から、「深い学び」を引き出す。

【主体的な学びの発問指示】
あなたは、どんな時に地域の人にお世話になっていると感じますか。
【対話的な学びの発問指示】
「ぼく」がおじいさんにしたことは、賛成ですか、反対ですか。
【深い学びの発問指示】
あなたが地域の人のためにできることは何ですか。

「いつもありがとう」は、「ぼく」が下校途中に石をけったら、通学路にいる名物おじいさんに叱られたことに対する「ぼく」の行動について考えさせる資料である。

1．資料を読み聞かせる

まず、教師が範読をする。

教師がゆっくりと読み聞かせる。道徳は、国語の学習ではない。ゆっくりと読み、子どもにお話をインプットさせる。

2．お話の状況を理解させる

【発問1】登場人物は、誰ですか。
【発問2】「名物おじいさん」がしていることは、何ですか。
【発問3】「ぼく」は、何をして「名物おじいさん」に注意されたのですか。
【発問4】「ぼく」が、「名物おじいさん」に注意されて腹を立てたのはなぜですか。

発問1は、テンポよく聞く。発問2は、いくつも答えがある。だから、発問2で全体を巻き込むことが大切である。発問3・4も、時間をかけずにさっと

聞く。ただし、複数の子どもを指名することは非常に重要である。様々な答えが出ることで、お話の内容が立体的になる。

3．議論させる発問を行う

【主発問】

ぼくが「名物おじいさん」にとった態度に「賛成」ですか。それとも「反対」ですか。

【指示1】ノートに、「賛成」「反対」どちらかを書きます。書けたら、その理由も書きなさい。

〔賛成派〕

・人間だから、気分にムラがあって当然だ。

・人がいないんだから、問題はない。

〔反対派〕

・いつもお世話になっている人の言うことは聞かないといけない。

・もし人が急に出てきて、怪我をさせたら大変だ。

4．議論させる

【指示2】教室の中心に机を向けなさい。友達と意見交換しなさい。

正解はない。

しかし、なぜそのように考えたかを聞くことで、他者理解につながっていく。

5．もう一歩の突っ込みをさせる

このままだと議論しただけになる。

大切な内容については、教師がリードし進めていくことも大切である。

【発問5】「ぼく」がおじいさんにしたことは、良いことですか、悪いことですか。

そうすることで、地域の人への「感謝」へとつなげるのである。

6．自分の生活に戻って考えさせる

　教科書の資料は、題材の１つである。自分の普段の生活に戻って考えさせることが大切である。

> 【発問６】あなたは、どんな時に地域の人にお世話になっていると感じますか。

　これは、地域の様々な実情があるが、必ず出る。

　地域には、たいてい子どもたちの安全を見守る交通指導員の方々がいる。

　また、学校によっては、ヘルパーさんとして学校の活動に参加している場合もある。

　その上で、以下の発問を行う。

> 【発問７】あなたが地域の人のためにできることは何ですか。

　そして、最後に感想にまとめさせる。

　このことにより、学習を振り返らせる効果がある。

> 【指示３】今日の感想を書きなさい。

> 【評価のポイント】※感想文を元にする。
>
> 価値理解　「自分も地域の人や周囲の人に感謝をする」といった内容が書かれているか。
>
> 人間理解　「相手を感謝したほうがよいことは分かっているけど、どうしても素直になれないこともある」といった内容が書かれているか。
>
> 他者理解　自分の意見と反対の友達の意見を認める内容が書かれているか。

（大井隆夫）

礼儀
「だいじなわすれもの」（光文書院）

 家庭との連携で、スキルを身に付ける。

「だいじなわすれもの」は、たかとしくんの家に、友達のひろみさんが遊びに来る。たかとしくんとひろみさんは、おやつのホットケーキを食べる時「いただきます」をしたり、きれいに食べたりする。二人で遊び終わると、片付けもしっかりする。ひろみさんは、家に帰る時、たかとしくんのお母さんに「さようなら」と挨拶をする。すぐあとに、ひろみさんが戻ってくる。「ホットケーキごちそうさまでした」の御礼を言い忘れたからだ。お母さんは、それを見て、「ひろみちゃんはいい子ね」と話す。ひろみさんの行動から、「礼儀」について考える資料になっている。

1．資料を読み聞かせる

まず、教師が範読をする。

1年生なので、教師が読む。会話文で、誰が言っていることなのか分からないこともあるので、会話文は声色を変えて読みたい。

2．お話の状況を理解させる

【発問1】どんなお話ですか。

何人かに聞く。断片的な内容を何人かに聞いてつなげることで、お話の概要が分かる。そして、お話を整理していく。

【発問2】誰が出てきますか。

登場人物が整理されていく。本教材では、たかとしくん、ひろみさん、お母さんが登場する。

【発問3】主人公は誰ですか。

誰の行動を中心にして考えるかを絞り込む。今回は、たかとしくんの行動に目を向けさせる。主人公は、たかとしくんだが、ひろみさんの行動を見たことで考えさせたい。

3. 「ここはすごいな、いいな」というところに線を引かせる

二人の行動で「ここはすごいな、いいな」というところに線を引かせることで、考える内容を浮き出させるようにする。

線を引いたところは、以下のようなところである。理由まで聞くことで、問題がより明確になる。

・たかとしくんとひろみさんが、ホットケーキを食べる時に、「いただきます」と言えて、すごいです。私は家だと忘れちゃうから。

・たかとしくんとひろみさんが、きれいに食べたのがすごいです。きれいに食べないと、落ちていたら掃除が大変だからです。

・ひろみさんが、帰る時に「さようなら」と言っていました。人の家に行ったら、帰る時には「さようなら」を言っています。

・さようならを言った後に戻って、「ホットケーキ、ごちそうさまでした」と言っていました。私なら、忘れてしまいそうだからです。

・さようならを言った後に戻って、「ホットケーキ、ごちそうさまでした」と言っていました。戻ってきてまで言うのが、すごいなあと思いました。

自分の教科書にも線を引かせたり、簡潔な板書をしたりすることで行動をひと目で分かるようにすると意見交流がしやすい。

4. 意見を交換する

4つの線のことについて、意見交換をした。子どもたちは、自分もできているという意見が多かった。家庭生活で、保護者の方が繰り返し教えられたスキルである。どの意見にも「誰が教えてくれたの」と言うと、誇らしげに保護者の方の名前を言っていた。

【発問4】ひろみさんの行動で「一番えらいな、すごいな」と思ったところに線を引きなさい。

これによって、戻ってきて「ホットケーキ、ごちそうさまでした」に意見が

集約される。

　1年生は、いつでも「自分はいい子である」と思い行動している。そこに立ち返らせるために「ひろみさんと同じことは、ちょっと難しいなという人。手を挙げてごらん」と発問する。すると、正直に挙げる子どももいる。手を挙げた子どもを「自分のことをよく見てるね」と褒めた。

5．このお話で勉強した大切なことは何ですか

　子どもたちがこのお話で勉強したことは、以下のような内容だった。
・友達の家に行ったら、失礼がないようにしたい。
・挨拶をしっかりとしたい。
・お礼をしっかりと言いたい。

6．自分の身のまわりで、これからやっていきたいことを書きましょう。

　自分の身のまわりのことだと、いろいろな意見が出てくる。
・友達の家に行ったら、挨拶とお礼を言いたいです。
・学校でも挨拶とお礼を言いたいです。
・友達の家に行って、何かたべさせてもらったら、「ごちそうさまでした。ありがとうございます」と言いたいです。
・ひろみさんのように、礼儀正しい人になりたいです。

　週報にこの授業のことを取り上げた。子どもたちの発言の1つ1つを書いた。保護者の方から「礼儀についてもう一度家庭でも話しました」とのコメントをいただいた。学校と家庭が連携できる貴重な教材になっている。1年生の道徳は、家庭との連携し、実生活に生かすスキルを身に付けることが大切だ。

【評価のポイント】　※感想文、発表を元にする。

価値理解	自分の行動を振り返り、礼儀正しくなかったことの内容が書かれているか。
人間理解	礼儀をついつい忘れてしまっているという内容が書かれているか。
他者理解	自分の意見と違う友達の意見を聞いて、自分の生活に生かそうとする内容が書かれているか。

（下窪理政）

友情・信頼
「ともだちやもんな、ぼくら」（東京書籍）

POINT! 「いいと思ったところ」と「よくないと思ったところ」を対比させる。

　東京書籍に「ともだちやもんな、ぼくら」という教材がある。

　他人の家の木に登ってかぶとむしを捕ろうとしていた子どもたちが、その家の人に見つかり逃げ出す話だ。途中で友達が転び、捕まってしまう。

　彼を残して逃げた二人の男の子は、逃げたことを悔い、改心して謝りに戻る。

　その家のおじいさんは、戻ってきたことを認め、謝る二人を褒めてくれた。

1．資料を読む

　教師が読み聞かせをする。2年生の子たちが場面を思い描くことができるように丁寧に読み聞かせるとよい。

2．あらすじをつかむ

【発問1】誰が出てきましたか。

　登場人物を確認する。

【発問2】どんなお話ですか。

　あらすじを確認する。一人では分かりにくいことも、複数の子どもたちに発表させると、あらすじが確認できる。

3．よくないと思ったところに線を引かせる

【指示1】いろいろな登場人物の考えたことや行動が書かれています。その中で、よくないと思ったところに線を引きなさい。
【指示2】どんなところに線を引きましたか。隣近所の人たちと見せ合いなさい。

子どもたちは、自分とは違うところに線を引いていることにも気が付く。

４．よくないと思った理由について、話し合わせる

【指示３】よくないと思った理由について、隣近所と話し合いなさい。

・「ヒデトシが逃げ出したので、ぼくとマナブも逃げ出した」のところに引きました。悪いことをしたのだから、ちゃんと謝ればいいのに逃げたからです。
・「あとすこしで、かぶとむしがとれるところやったのに……」のところです。他の人の家の木でかぶとむしを取るのはいけないです。

　よくない考え方や行動は、２年生でも指摘できる。
　教材の中の登場人物が対象だから、言いやすい。
　理由を付け加えて話し合うことで、自分では気が付かなかったことや別の考え方にも気が付くことができる。

５．いいなと思ったところについて話し合わせる

【指示４】では反対に、いいなと思ったところに線を引きなさい。

　前の活動と一転して「よい」という観点から考える。

【指示５】隣近所と発表しなさい。また、そこに線を引いた理由も言いなさい。

　先ほどの活動で「よくない」ことに着目しているので、自然と対比することになる。対比することによって、よい考え方や行動がより鮮明になる。

６．全体の前で発表させる

【指示６】線を引いたところがどこか発表しなさい。また、その理由も言います。

　しばらく、隣近所で話し合わせた後、みんなの前で発表させる。
・「いこうか。ヒデトシをたすけに。ものすごくこわいけど」に線を引きました。こわいのに謝りに行こうと言い出したからです。

・「ぼくとマナブは、かみなりじいさんのいえにむかった」に線を引きました。なぜなら、ちゃんと謝りに行ったからです。

7. 考えを深める

【発問3】悪いことをしたら謝るというのは、当たり前のことではないのですか。

このように、子どもに対して、問い直すこともありうる。2年生という発達段階なら、こうした問いに対して、深く考えて鋭く言い返す子もいる。
・謝るのは当たり前のことだけど、最初は謝らずに逃げていて、その後、謝ろうと思ったというのはいいことです。
・怒られるのが分かっていても謝りに行ったから、これはいい行動だと思いました。
・友達をおいて逃げたことがいけなかったと気が付いて、いっしょに謝るために戻ってきたから、いい行動です。
・かみなりじいさんも、「よくもどってきたな」と、戻ってきたことを褒めてくれているから、友達を助けに戻ってきたのがいい行動だと思います。

謝ることだけ、あるいは戻ってきたことに注目する子もいるが、この教材は「友情・信頼」についての内容項目に関するものであるから、友達との関わり方についての話題を中心にするように進めていく必要がある。
子どもたちも、考えを発表し合う中で、この教材で注目すべき点が何か、はっきりしてくる。

8. 学んだことを明確にさせる

文章化することによって、思考が整理される。

【発問4】今日の道徳で学んだことを書きなさい。

・友達は大切だということを学びました。なぜなら、このお話ではぼくやマナブが友達をほったらかしにはしなかったからです。

(信藤明秀)

2 「人との関わり方」を学ぶ道徳授業（5）

相互理解・寛容
「心をしずめて」（日本文教出版）

3年

「ともみ」さんの行動から、「対話的な学び」を引き出す。

【主体的な学びの発問指示】

あなたは、人のことを許せなかったことがありますか。

【対話的な学びの発問指示】

「ともみさん」があきこさんを許せなかったことに、賛成ですか、反対ですか。

【深い学びの発問指示】

どんな時でも相手を許さないのは、よいことでしょうか。

「心をしずめて」は、「ともみさん」と「あきこさん」との間にトラブルが発生する。その時の「ともみさん」の行動について考えさせる資料である。

1．資料を読み聞かせる

まず、教師が範読をする。

教師がゆっくりと読み聞かせる。道徳は、国語の学習ではない。ゆっくりと読み、子どもにお話をインプットさせる。

2．お話の状況を理解させる

【発問1】登場人物は、誰ですか。

【発問2】「ともみさん」は、何を用意していましたか。

【発問3】「ともみさん」と「あきこさん」には、どんなトラブルが起きましたか。

【発問4】「ともみさん」と「あきこさん」のトラブルがこじれたのは、なぜですか。

発問1は、テンポよく聞く。抜けている部分があったら、まだあるという人

という聞き方で、スムーズに進める。発問2は、状況を確認するうえで大切な発問である。しかしながら、テンポを崩さず、確認していくことが大切だ。発問3の「ともみさん」と「あきこさん」のトラブルは、複雑である。わざとではないけど発生したトラブルを、どうしても許せないという状況を確認することが重要だ。そして、発問4では、さらに「ともみさん」と「あきこさん」のトラブルが複雑になった原因をつかませることが大切である。

3．議論させる発問を行う

【主発問】
「ともみさん」が「あきこさん」を許せなかったことに、賛成ですか、反対ですか。

【指示1】ノートに、「賛成」「反対」どちらかを書きます。書けたら、その理由も書きなさい。

　自分の意見が書けた子から、ノート持ってこさせる。教師は、そのノートに〇を付ける。よい意見を書いているから〇をするのではなく、意見を書いていることを認める〇である。

〔賛成派〕
・大切な絵が汚されたので怒って当然だ。
・何度謝られても、絵は元に戻らないから怒るのは理解できる。
〔反対派〕
・謝っているのだから許してあげたら。
・わざわざ昼休みまで謝っているのだから、許してほしい。

4．議論させる

　ノートと黒板に書いた意見をもとにして、議論をさせる。

【指示2】教室の中心に机を向けなさい。友達と意見交換をしなさい。

　正解はない。しかし、なぜそのように考えたかを聞くことで、他者理解につながっていく。

5．もう一歩の突っ込みをさせる。

このままだと議論しただけになる。

大切な内容については、教師がリードし進めていくことも大切である。

【発問5】「ともみさん」が「あきこさん」を許せなかったことに、賛成ですか、反対ですか。

6．自分の生活に戻って考えさせる

教科書の資料は、題材の1つであり、自分の普段の生活に戻って考えさせることが大切である。

【発問6】あなたは、人のことを許せなかったことがありますか。

個人個人、様々な事情がある。

扱いを失敗すると、トラブルを蒸し返してしまう。

だから、特定の名前を挙げないよう指示する必要がある。

その上で、以下の発問を行う。

【発問7】どんな時でも相手を許さないのは、よいことでしょうか。

自分ができることを考えさせることが非常に大切である。

そして、最後に感想にまとめさせる。

このことにより、学習を振り返らせる効果がある。

【指示3】今日の感想を書きなさい。

【評価のポイント】※感想文を元にする。

価値理解 「自分も相手のことを許す」といった内容が書かれているか。

人間理解 「相手を許したほうがよいことは分かっているけど、どうしても許せないこともある」といった内容が書かれているか。

他者理解 自分の意見と反対の友達の意見を認める内容が書かれているか。

（大井隆夫）

規則の尊重
「きいろいベンチ」（文部科学省）

1・2年

 教師の切り返し発問で、子どもたちの価値理解を深める。

【主体的な学びの発問指示】
あなたは、きまりを守ることができていますか。

【対話的な学びの発問指示】
二人がしたことで一番よくない行動は何でしょうか。

【深い学びの発問指示】
ベンチを汚さなければ紙飛行機を飛ばしてもよいでしょうか。

　雨上がりのある日。たかしとてつおは紙飛行機を持って公園へ遊びに行く。二人は紙飛行機を遠くまで飛ばしたくて、靴を履いたままベンチの上に立ち上がり夢中で飛ばした。ベンチは、泥で汚れてしまうが二人は気付かない。楽しい気分でベンチを離れブランコで遊んでいると，小さな女の子とおばあさんを目にする。二人が使っていたベンチに女の子が座る。女の子のスカートが汚れてしまう。その光景を見ていたたかしとてつおは、はっと顔を見合わせるというお話である。

1．資料を読み聞かせる

　資料を教師が範読する。必要に応じて解説を加える。例えば、「紙飛行機を飛ばそうとしている時の二人の気持ちは、どんな気持ちですか？」など。その時の二人の気持ちや情景を思い浮かべやすいようにゆったりと読んでいく。低学年なのでその場の雰囲気がイメージできない子がいる可能性もある。

2．お話の状況を理解させる

　お話の設定を確認していく。

【発問1】登場人物は誰ですか。

・たかし　・てつお　・おばあさん　・女の子

【発問2】なぜ、女の子のスカートは汚れてしまったのですか。

・二人が靴のままベンチの上に上がったから。

【発問3】おばあさんと女の子の様子を見ていた二人の気持ちは一言で言うとどんな気持ちですか。

・しまった。　・ごめんなさい。　・僕たちのせいだ。

【発問4】二人がしたことでよくない行動は何だと思いますか。

・紙飛行機で遊んだこと。　・ベンチを汚して女の子のスカートが汚れてしまったこと。
・ブランコで立ち乗りをしていること。　・汚したベンチをきれいにしなかったこと。

3．議論させる発問を行う

【主発問】
二人がしたことで一番よくない行動は何だと思いますか。

【指示1】ノートによくないと考える行動を書きます。書けたら先生のところに持ってきます。

実態によっては、ノートには書かないで発表させ、教師が板書する。
・紙飛行機で遊んだこと。
・ベンチを汚して女の子のスカートを汚してしまったこと。
・ブランコで立ち乗りをしていること。
・公園のルールを破ったこと。

それぞれの理由を発表させる。

【指示2】他の人の意見に対して質問があったら言います。

・紙飛行機で遊んだことはいいと思います。公園で紙飛行機遊びをすることは

悪くないからです。

4．もう一歩の突っ込みをする発問

【発問5】ベンチが汚れなければベンチの上から紙飛行機を飛ばしてもよいか。

　子どもたちは、「ダメです」と反論するだろう。
・雨上がりでなくても土足でベンチの上に上がったらベンチが汚れてしまいます。
　などの意見が出る。
　そこで、教師がさらにゆさぶる。

【発問6】ベンチが汚れたらきれいにしておけば別にいいじゃないですか。

　ここでも「ダメです」と言う意見が多いだろう。ここで、なぜダメなのかを聞き返す。
・ベンチの上に立つことがきまりを破っているから人に迷惑をかける。
・自分たちは楽しいかもしれないけどまわりの人は気持ちがよくない。
・ベンチの汚れはなくなるかもしれないけれど、汚れていたベンチを次の人が使うのは気持ちがよくない。

5．授業の振り返りをする

【指示3】3つの観点で振り返りを行う。

①授業前の自分の考えはどうだったか。
②今日の授業で学んだことは何か。
③これからどう行動していきたいか。

　1年生でノートに振り返りを書くことが難しい場合は、選択肢を作り、○をつけるようにする。

（松島博昭）

公正、公平、社会正義

「大すきなフルーツポンチ」（東京書籍）

2年

👍 ゆさぶり発問によって、「深い学び」へと導く。
POINT!

【主体的な学びの発問指示】

あなたは、誰にでも優しくしていますか。

【対話的な学びの発問指示】

仲のよい子に優しくするのはいいことではないのですか。

【深い学びの発問指示】

自分がしゅんたなら、たくさんフルーツポンチをもらえて嬉しくないですか。

「ぼく」はみんなが大好きなフルーツポンチを
配る担当になる。そこで、仲よしのしゅんたさ
んだけ多めに入れてあげたいと考える。しか
し、「足りなくなったらどうしよう」という思
いもあったので、文句を言わないけんちゃんの
分を少し少なくすればよいと考え、しゅんたさ

んの器にたくさんフルーツポンチを入れる。しかし、隣でパンを配っていたか
おりさんに、注意を受けてしまうという話である。

1．誰にでも優しくしているか問う

　本文に入る前に、自分は誰にでも優しくできているか問い、公正・公平に関
して子どもたちの生活経験を思い起こさせる。

2．資料を読み聞かせる

　教師が資料を音読する。音読を始める前に、「誰が出てくるか考えながら聞
いてね」と言っておくことで、子どもたちが目的意識をもって範読を聞くこと
ができる。

3. 「ぼく」の行動の理由について考えさせる

【発問1】「ぼく」は、何に気を付けてフルーツポンチを盛り始めましたか。

　まず、フルーツポンチを盛り始めた時に、「ぼく」はどんなことに気を付けようとしていたのか問う。最初はみんなが好きなフルーツポンチを平等に盛り付けようとしていたことを押さえる。

【発問2】なぜ、「ぼく」はしゅんたにだけ多く盛ったのですか。

　その後、「ぼく」が仲よしのしゅんたにだけ、フルーツポンチを多く盛った理由について考えさせ、仲よしの友達に喜んでほしくて行ったことであることを確認する。

【発問3】仲のよい子にだけ、たくさん給食を入れてもいいと思いますか。

　そして、仲のよい子にだけ多く給食を盛ることはよいことかを考えさせる。子どもたちは、「いけない」と答えると予想されるので、ゆさぶり発問へのステップとする。

4. ゆさぶる

【ゆさぶり1】仲のよい子に優しくするのはいいことではないのですか。

　特定の子にだけ多く給食を盛るのは、いけないことであると子どもたちは教えずとも判断できる。しかし、子どもをゆさぶる発問をすることで、子どもたちが深く考えるようになる。
　「ぼく」は、決してけんちゃんに意地悪をしたかったのではなく、仲よしのしゅんたさんに喜んでもらえると思ってやったことを取り上げる。
　子どもからは、「仲がよくても、同じ量でないとだめ」「他の子がかわいそう」といった意見が出ることが予想される。

　また、次のゆさぶりも考えられる。

【ゆさぶり2】自分がしゅんたなら、たくさんフルーツポンチをもらえて嬉しくないですか。

「なるほど、確かに」と思う気持ちはあるが、「自分だけたくさんもらうのはずるい」「自分だけズルをしてもらっても、嬉しくない」など、公平・公正を重んじる意見を引き出す。

5．振り返りをさせる

　道徳での学びを、実生活に生かそうとすることが重要である。今回は、「公平」についての子どもたちが感じたことや、今後の生活に生かしたいことを考えさせる。

　まず、「公平」の意味を、資料を例に出しながら、「誰にでも同じように接すること」などと定義する。意味の難しい言葉は、分かりやすく定義をしないと、子どもたちは何について考えればよいか分からない。振り返りの例として次が考えられる。

【発問4】今まで「公平」にしていましたか。またこれから、どんな場面で「公平」にしたいですか。

ワークシート例

（三俣貴裕）

勤労、公共の精神
「こくばんとうばん」（教育出版社）

1年

 点数をつけ理由を考えることで働くことの大切さに気付かせる。

【主体的な学びの発問指示】

あなたは、当番に一生懸命に取り組んでいますか。

【対話的な学びの発問指示】

黒板当番へのやる気を10点満点で点数をつけなさい。

【深い学びの発問指示】

もし遊びに行ったら嬉しい気持ちになれますか。

　わたしは、保健当番をやりたいと思っていたが、仲よしのあおいさんに黒板当番を一緒にやろうと誘われて黒板当番をやることになる。黒板当番は、休み時間に黒板を消さなければならないので遊びに行くのが遅れてしまうことがある。しんさんに「あおいさんに任せて遊びに行こう」と誘われた時に当番の仕事をやるか遊びに行くかで迷うが、当番の仕事をやることにする。授業前に、きれいな黒板を先生に褒められる。一生懸命に当番の仕事をすることの嬉しさ、やりがいに気付かせる教材である。

1．自分の当番活動について考えさせる

【指示1】自分の当番活動に10点満点で点数をつけましょう。
その点数の理由もノートに書きます。
【指示2】発表します。

・4点です。たまに、忘れてしまうことがあるからです。
・9点です。毎日忘れることなくやっているけど、まだ工夫ができるからです。
　自分の当番活動に点数をつけて振り返らせることで、自分が当番活動をどのように毎日取り組んでいるかについて気付かせる。
　できていないことばかりの発表で反省会のようにならないように、当番活動

で頑張っていることも取り上げる。

2. 資料を読み聞かせる

資料を読み聞かせる。途中で解説を加えながら教師がゆったりと範読する。

3. お話の状況を、理解させる

【発問1】誰が出てきますか。

・わたし　　・あおいさん　　・しんさん　　・先生

【発問2】なぜ、黒板当番になったのですか。

・仲よしのあおいさんに誘われたから。

【発問3】やりたい当番じゃないけれど仲よしの子に誘われて違う当番に
なるという気持ちが分かると言う人はいますか。

・分かります。断ったら相手に悪いと思ってしまう。

【発問4】しんさんに遊ぼうと誘われた時、黒板当番をあおいさんに任せ
なかったのはなぜですか。

・遊びたかったけど、それをしたらあおいさんに悪い。
・あおいさんが一人で黒板の仕事をするのは大変だから。

4. 考えを深める発問をする

【主発問】
しんさんに誘われた時のわたしの黒板の当番へのやる気は10点満点の何点
ですか。

　最後は、黒板当番が好きになっているわたしのことを確認し、先生に褒めら
れた後は、やる気が10点になっていることを伝える。

【指示3】点数の理由をノートに書きなさい。

自分の理由が書けた子からノートを持って来させる。教師は○をつけてノートにつけ足しをするように伝える。

○をつけたら、隣近所で意見を交換させ、さらに意見をつけ加えさせる。

【指示4】全員の前で発表します。

クラス全体で意見を確認する。

【発問5】もし、遊びに行っていたら先生からの褒められた時、嬉しい気持ちになりますか。

・サボってしまったから嬉しい気持ちにはならない。
・一生懸命に働いていたのはあおいさんで自分は何もやらないで遊んでしまったからならない。

5．学級の当番活動の様子の動画や写真を見せる

普段の子どもたちが一生懸命に当番活動に取り組んでいる様子を事前に写真や動画で撮っておきスライドショーで見せる。

音楽をつけて見せると子どもたちはより集中して資料を見る。

写真や動画を見せながら、教師が肯定的な言葉で子どもたちを褒める。

自分たちのがんばる姿を客観的に見ることにより、みんなのために働くことのよさややりがいに気付かせ、意欲を高めさせる。

6．授業の振り返りをする

【指示5】3つの観点で振り返りを行う。

①授業前の自分の考えはどうだったか。
②今日の授業で学んだことは何か。
③これからどう行動していきたいか。

1年生でノートに振り返りを書くことが難しい場合は、選択肢を作り、○をつけるようにする。

（松島博昭）

家族愛、家庭生活の充実
「お母さんのせいきゅう書」（学研教育みらい）

 心をゆさぶる発問によって、「深い学び」へと導く。

【主体的な学びの発問指示】

お家でしていること、してもらっていることはどんなことがありますか。

【対話的な学びの発問指示】

自分だったらだいすけくんにいくら請求しますか？

【深い学びの発問】

だいすけくんがお母さんからのメモを2度、3度読み返し目が涙でいっぱいになったのはなぜですか。

　だいすけくんは、ある日お母さんに請求書を渡す。その請求書には「おつかい100円」「おそうじ100円」……などと書かれていた。お母さんは驚くが、次の日、だいすけくんに400円と1枚のメモを渡す。そのメモには「病気になった時の看病0円」「食事を作ってあげた0円」……など書かれていた。お母さんからのメモを2度、3度読み返し、だいすけくんの目は涙でいっぱいになった。

【発問1】お家でしていること、してもらっていることはどんなことがありますか。

1．資料を読み聞かせる

　まず、教師が範読する。

　ゆっくりと読み聞かせをし、状況をつかませる。

2．資料を途中で区切り状況を理解する

【発問2】登場人物は誰ですか？

　・だいすけくん　・お母さん

第Ⅱ章　新教科書を利活用した、楽しい道徳授業

65

テンポよく指名し、確認をする。

【発問3】だいすけくんはお母さんに何を渡しましたか？

・メモ

【指示】メモにはこのようなことが書いてありました。読みます。

（図1のようにメモを拡大したものを提示する）

教師の後に追い読みをする。感想を隣同士に言わせる。数名指名する。

図1

> おかあさんへのせいきゅう書
> 一、おつかい　　　　　　　百円
> 一、おそうじ　　　　　　　百円
> 一、おけいこに行った
> 　　　ごほうび　　　　二百円
> 　　　　　　　　合計　四百円

3. 資料の続きを読み聞かせ、途中で状況を理解する

【発問4】お母さんのメモにはどんなことが書いてあったと思いますか？

・がっかりした。　・いつもありがとう。
・お金を取るなんて悲しい。

考えをノートに書いたり、隣の席のこと言いあったりする。「お母さんのメモにはこのように書いてありました」と注目させ、（請求書の金額を隠した）メモ（図2「だいすけへのせいきゅう書」）を提示する。

図2

> だいすけへのせいきゅう書
> 一、親切にしてあげた　　　０円
> 一、病気をした時の看病　　０円
> 一、服や、くつを買ってあげた　０円
> 一、食事を作ってあげた　　０円
> 　　　　　　　　合計　０円

【発問5】自分だったらだいすけくんにいくら請求しますか？　金額と理由をノートに書きなさい。

実態に応じて、親切にしてあげた代のみを扱うなどして焦点を絞る。

金額と理由が書けたら、「お母さんのせいきゅう書」の金額を1つずつ提示する。

教師が「親切にしてあげた」を読み、子どもに「０円」のみを読ませる。そうすることで、０円と言うことにより着目することができる。

教科書会社によっては図版として印刷できるものもある。ない場合は、文書ソフトを使い作成する。自作の際、より教科書に近いものを作る。

4．資料の続きを読み聞かせ、だいすけくんの心の変化を考える

【発問6】文中に「それ何にお母さんは……」とあります。……の続きを考えて、書きなさい。

・怒らないなんて優しい。　・当たり前のようにやってくれている。

・自分のことだけでなく、家族のことを考えてくれている。

【発問7】だいすけくんがお母さんからのメモを2度、3度読み返し、目が涙でいっぱいになったのはなぜですか。

・自分のやったことが情けない。　・これからお金がもらいにくくなった。

・お母さんの心の広さに感動した。

　意見が書けない子がいた場合「だいすけくんは嬉しくて目が涙でいっぱいになったのかな？」と考えさせたいことの逆の言葉をかけ、どのような涙なのか考えさせる。一人一人に意見を書かせて、意見を交わし、多様な意見に触れ自己の考えを深める。

5．自分の生活に振り返って考える

【発問8】これからの生活で家族の一員としてどんなことをしていきたいですか。

・感謝の気持ちを伝える。　・お手伝いを進んでする。

・家での仕事をきちんと嫌がらずにやる。

・お家の人に注意される前に動く。

　保護者の方に理解と協力を得られる際は、全家庭に授業の趣旨を伝え、子どもたちに向けて家庭での仕事ぶりや、家族の一員として自覚をより持てるような手紙を書いてもらう。その自分宛の手紙を授業後に読むことが、さらに今後家族の一員としての意識を高めることにつなげていく。

（田中健太）

よりよい学校生活、集団生活の充実
「大なわ大会」（教育出版社）

 クラスの雰囲気をよくする行動について考え、クラスをよりよくしようとする意欲を高める。

【主体的な学びの発問指示】
クラスで協力できているか点数をつけましょう。

【対話的な学びの発問指示】
クラスがよくなる行動にはどんな行動がありますか。

【深い学びの発問指示】
自分、クラスに必要な行動はどの行動ですか。

　大なわ大会に向けてクラスで練習している。しかし、くみさんはいつも引っかかってしまう。その様子を見ていたたけしさんはいじわるを言う。くみさんは泣き出してしまう。ゆきなさんは励ましながら友達を誘って一緒に練習を始める。その様子を見てたけしさんも応援するようになる。大会本番。一生懸命がんばるが結果は、負け。負けたけれどクラスの雰囲気は悪くない。クラスや学校をよりよくするためにはどんな行動が大切なのかについて考える。

1．自分の学級について考えさせる

【指示1】クラスで協力できているか、100点満点で点数をつけましょう。
また、点数の理由もノートに書きます。
【指示2】発表します。

・70点です。たまに、ケンカをしてしまうからです。
・80点です。悪口をたまに言う人がいるからです。
・90点です。優しい言葉をかけてくれるからです。

　クラスでの協力に点数をつけることで、協力することができているかできていないかを考えやすくする。

できていないことばかりの発表で反省会のようにならないように、学級で頑張っていることも取り上げる。

2. 資料を読み聞かせる

資料を読み聞かせる。

途中で解説を加えながら教師がゆったりと範読する。

3. お話の状況を、理解させる

【発問1】誰が出てきますか。

・ゆきなさん　・くみちゃん　・たけしさん　・先生
・高学年のお姉さん　・クラスの友達

【発問2】大なわ大会で優勝できましたか。

・優勝できなかった。

【発問3】優勝できなかった時のクラスの雰囲気はどんな雰囲気ですか。

・とてもいい雰囲気。
・たからものを手に入れたからいい雰囲気。

【説明】大なわ練習が始まった時の雰囲気から最後はクラスの雰囲気が良くなりました。

4. 考えを深める発問をする

【主発問】
クラスの雰囲気がよくなったのは何故ですか。
【指示3】「この行動や言葉がよかった」ということをノートに書きなさい。

ひとつ書けたら持って来させ、黒板に書かせる（1年生でノートに書いたり、黒板に書いたりが難しい場合は、教師が黒板に書く）。

【指示4】発表します（黒板に書いたものを発表する）。

・一緒に練習した。 ・跳べない子に対して文句を言わなかった。
・応援した。 ・負けた時に文句を言わなかった。

【発問4】黒板に出た意見を種類に分けます。どんな種類に分けられますか。

〔A：練習の時〕 ・一緒に練習した。 ・応援した。
〔B：本番〕 ・跳べない子に対して文句を言わなかった。
　　　　　　　・負けた時に文句を言わなかった。
〔C：終わった後〕・拍手をした。 ・みんなにありがとうと言った。

【発問5】練習の時、本番、終わった後でクラスをよくするために考えなければならないことはどんなことですか。

・励ます声を出す。 ・文句を言わない。

５．学級の当番活動の様子を動画や写真で見せる

　クラス遊びをしている写真や動画で撮っておきスライドショーで見せる。音楽をつけて見せると子どもたちはより集中してスライドを見る。写真や動画を見せながら、教師が肯定的な言葉で子どもたちを褒める。
　クラスで協力している様子を客観的に見ることにより、いいクラスって気持ちがよいということを自分のこととして捉えられるようにする。

６．授業の振り返りをする

【指示5】３つの観点で振り返りを行う。

①授業前の自分の考えはどうだったか。
②今日の授業で学んだことは何か。
③これからどう行動していきたいか。

　１年生でノートに振り返りを書くことが難しい場合は、選択肢を作り、○をつけるようにする。

（松島博昭）

3 「集団や社会との関わり方」について学ぶ道徳授業（6）

伝統と文化の尊重、国や郷土を愛する態度
「わたしの見たニッポン」（教育出版社）

 日本の魅力「和食」について知り、日本のよさに誇りを持つ。

【主体的な学びの発問指示】

日本の魅力ってどんなものがありますか。

【対話的な学びの発問指示】

どうして日本の和食は人気があるのでしょうか。

【深い学びの発問指示】

他にどんな日本の魅力がありますか。

　外国人が日本や日本人をどのように見ているのか。6つの点について写真を交えて紹介されている。日本の伝統的な建物、料理、植物、温泉、電車などは、なぜ、外国の人に人気なのかを考えさせる。

1. 日本の和食が人気の理由について考えさせる

【発問1】 日本を訪れる外国人が楽しみにしていることランキング、第1位は何だと思いますか。

・和食

【発問2】 外国人が好きな和食ランキング第1位は何だと思いますか。

・寿司

「魚は生で食べてもおいしい」―これが和食の特徴である。

　日本料理の名店「菊乃井」三代目当主の村田吉弘さんは次のように言う。

　僕は世界各地でいろんな食材を食べてますけど、日本ほど素材そのもののおいしさに徹底的にこだわる国はありません。つまり、日本の食材は素材そのものが「おいしい」ということです。

（永山久夫「なぜ和食は世界一なのか」朝日新書）

素材がおいしい理由を日本の地理的・自然的条件から考えていく。

【発問3】日本は、海に囲まれています。だから、あるものがたくさん取れます。何だと思いますか。

・魚

【発問4】海に囲まれている以外にどんな地理的・自然的条件があると思いますか。

・四季がある。　・山が多い。　・水が豊富。

【発問5】条件の1つに雨の多さがあります。雨がたくさん降るから「豊富な水」があります。豊富な水によってどんな材料が手に入れられますか。

・川魚　・米　・野菜　・山菜……など。

【発問6】さらに、日本は世界の国々と比べて湿度がとても高い国です。湿度が高いことによって生まれた食品があります。何だと思いますか。

・発酵食品

　日本には、多くの発酵食品がある。特に、かつお節は「和食」を支える大事な食材である。つまり、和食は「多様で新鮮な食材」を使った料理と言える。

【発問7】お正月にはみんなは何を食べますか。

・おせち料理　・お雑煮　・おもち……など。

　特別な料理を食べる日を「ハレの日」と言う。日本には「ハレの日」がたくさんあり、そして、その際に食べるものすべてに願いや意味が込められている。

【発問8】七福神の恵比寿さんが持っているものは何ですか。

・鯛

【発問9】どうして鯛をもっているのでしょうか。

・めでたいから。

【発問10】実は他にも鯛を持つ意味があります。それは何でしょうか。

・赤色は縁起が良いから。

　日本には、昔から縁起がよい色がある。それは赤色だ。日本では、赤色は邪気を払う色だとされてきた。よって、鯛を食べるのである。

> 【発問11】では、他に赤色の食べ物は何がありますか。

・海老　・いくら　・かに……など。

> 【発問12】赤飯もあります。赤飯はどのような時に食べますか。

・成人祝い　・結婚式……など。

　日本では、人生の大切な節目に願いが込められた食べ物を食べ、「ハレの日」に一人ではなく家族が集まり、和食を囲んできた。つまり、和食とは家族の絆を深める料理と言える。

> 【発問13】日本人が1000年以上前から作り上げてきた日本の文化である「和食」。2013年、あるものに登録されました。何でしょうか。

・無形文化遺産
「和食」がさらに世界から注目されることとなった。

> 【発問14】現在、おせち料理を食べる人の割合は増えていると思いますか。減っていると思いますか。

・年々減っている。

　つまり、和食を食べる日本人が減少している。日本の大切な食文化である「和食」について、これからもっと勉強し考えていくよう促す。

2．日本には和食以外にどんな魅力があるのかを考える

　教科書を見せながら、次のように問う。

> 【発問15】この中で外国の人たちにぜひ紹介したい日本の魅力はどれですか。
> 【指示】 1つ選んで、ノートにその理由を書きなさい。

　全体で発表した後、授業の感想を書く。

（松島博昭）

国際理解・国際親善
「ひろいせかいのたくさんの人たちと」（東京書籍）

 自分たちとは異なる文化も、認め合うことの大切さを伝える。

【主体的な学びの発問指示】
世界の「遊び」や「食事」を見て、思ったことは何ですか。

【対話的な学びの発問指示】
日本とは違うところがたくさんあります。それをどう思いますか。

【深い学びの発問指示】
違う文化を持った人たちと仲よくするためには、どんなことが大切ですか。

　東京五輪が開催されることから、たけしは図書の時間に世界の国について調べることにする。遊びでは、「たこあげ」や「こままわし」、「じゃんけん」などの古くからある親しみ深い遊びは、外国では形を変えて存在していることを知り、たけしは嬉しく思う。

　次に、食事について調べる。ベトナムの「フォー」や、メキシコの「トルティーヤ」、フランスの「エスカルゴ」などを調べ、おもしろいと感じる。食事に使うものも調べ、ナイフ、フォーク、スプーンの他に、どんなものでも指でつまんで食べる国もあることを知り、びっくりする。

1. 外国からきたものにはどんなものがあるか考えさせる

【発問1】 身のまわりで、外国から伝わってきたものは何がありますか。

　自分たちの身のまわりで、外国から伝わってきたもの、外国の言葉にはどんなものがあるかを自由に出させる。思いついた子どもから起立させ、発表させる、順に指名し、次々と言わせるなど、テンポよく意見を聞いていく。

　テンポよく言わせ、たくさん出させることで、自分たちの身の回りには外国から伝わってきたものがたくさん存在することを実感させる。

2．資料を読み聞かせる

　資料を読み聞かせる。写真が豊富にあるので、指で押さえさせるなど活動を取り入れながら読んでいく。また、遊びならば「遊んだことある人？」や、食事ならば「食べたことある人？」など、子どもたちの生活経験を尋ねながら読むと、子どもたちが資料に引き込まれ、自分の経験と結びつけながら読むことができる。

3．世界の「遊び」「食事」を見て、思ったことをワークシートに書かせる

　世界の「遊び」や「食事」について、思ったことを考えさせる。遊びは、教科書の構成として似たものが提示されている。「日本の遊びと同じところ、違うところを考えてみよう」と視点を与えると、子どもたちが考えやすくなる。

> 【発問2】世界の「遊び」を見て、思ったことは何ですか。同じところ、違うところはどこでしょう。
> 【発問3】世界の「食事」を見て、思ったことは何ですか。同じところ、違うところはどこでしょう。

　一方、「食事」は日本と異なる文化のものを取り上げている。同様に、共通点、相違点を考えさせる。

4．食事を取り上げ、日本との違いをどう思うか尋ねる

　食事について、次の発問をする。

> 【発問4】日本との違いをどう思いますか。

　フランスのエスカルゴ料理は、カタツムリの料理である。クラスでは必ず「気持ち悪い」「いやだ」という声が出る。また、指でつまんで食事をすることに対しても、「汚い」といった声が出るかもしれない。自然な反応である。

　しかし、それを理由に他国を軽蔑することは望ましくない。よって、次のような語りをする。

> 　エスカルゴ料理は、カタツムリを使っていると聞いて「気持ち悪いな」「いやだな」と思った人？　私たちは食べていないから、そう思ってしま

すよね。だからといって「フランスの人はおかしい」と言うのはいけない
ことです。

　私たちはタコを食べますね。でも、外国の人の中には「そんなものを食
べるなんて気持ち悪い」と思っている人もいます。それで「日本人はおかし
い」と言われたらどう思いますか？　いやですよね。他の国の人も同じです。

3. 異なる文化を持つ人と仲よくするためには
　　どうすればいいか考えさせる

　まとめとして、自分たちと異なる文化を持つ国の人と仲よくする方法を考え
させる発問をする。

【発問5】違う文化をもった人たちと仲よくするためには、どんなことが
大切ですか。

「相手の文化を尊重する心をもつ」という趣旨の発言を子どもたちから出させ
たい。その際、エスカルゴ料理の話を思い起こさせ、文化が違っても相手の文
化を尊重しようという気持ちが大切であることを確認しておくとよい。

ワークシート例

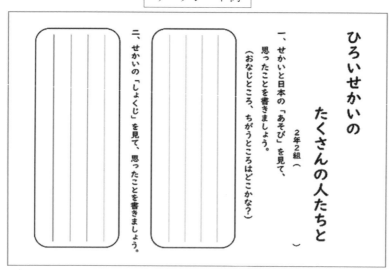

（三俣貴裕）

4 ｜ 「生命や自然」について学ぶ道徳授業（1）

生命の尊さ
「ハムスターの赤ちゃん」（学研教育みらい）

 親からの手紙を聞くことで、自分の命の大切さに気付かせる。

【主体的な学びの発問指示】
親は、赤ちゃんに対してどんな行動をしますか。
【対話的な学びの発問指示】
どうしてお母さんは宝物を守っているようにしているのでしょうか。
【深い学びの発問指示】
手紙を聞いた感想を書きなさい。

　ハムスターのお母さんが、生まれたばかりの赤ちゃんに対して優しく接している様子からお母さんの子どもたちに対する愛情に気付かせる。自分の命も親の愛情が育んできたことだと考えさせる教材である。

1．赤ちゃんが生まれた時の親の行動を考える

【発問1】赤ちゃんが生まれた時、親は赤ちゃんに対してどのような行動をすると思いますか。

・抱っこする。　・優しい言葉をかける。　・ミルクをあげる。

2．音楽をかけながら資料を読み聞かせる

　心温まる教材なので、ゆったりとした音楽をかけながら教師が笑顔で範読する。歌声のないオルゴールの音楽を流すと、より効果的である。

3．お話の状況を理解させる

　お話の設定を確認していく。

【発問2】出てきた動物は何ですか。

・ハムスター

【発問3】ハムスターの大きさってどのくらいですか。

・手のひらくらいの大きさ。

【発問4】お母さんは赤ちゃんにどんなことをしていますか。

・ミルクをあげている。　・くわえて巣に運んでいる。
・そっと噛まないようにしている。　・抱っこしている。

4．考えさせる発問を行う

【発問5】人間のお母さんとハムスターのお母さんが赤ちゃんにしてあげることはどんなことですか。

・ミルクをあげること。　・抱っこをすること。
・大事な宝物のように守ること。　・愛情をあげること。
・大きくなるまで世話をすること。

【主発問】
どうしてハムスターのお母さんは、大事な宝物を守っているようにしているのでしょうか。

【指示1】理由をノートに書きます。書けたら先生のところに持ってきます。

（実態によっては、ノートには書かないで発表させ、教師が板書する）
・大切な命だから。　・それぞれの命すべてが大切だから。
・自分の大切な子どもたちだから。
・小さくて守ってあげないと大きくなれないから。

【指示2】書いたものを発表します。

　友達の考えでいいなと思ったことはノートに書き加えるように指示する。

5．もう一歩の突っ込みをする発問

【発問6】生まれてすぐに親がいなかったらここまで大きくなれましたか。

・なれない。

【説明1】赤ちゃんは、生まれてすぐに一人では絶対に生きてはいけません。

親からの愛情を受けながら大きく成長していくのです。

みんなが生まれた時、おうちの人は、とてもとても喜びました。

世界でたった1つの命なのです。

6．手紙を読む

【説明2】みんなのお家の人に手紙を書いてもらっています。今から読みますね。

事前に保護者の方々に生まれた時の気持ちを手紙にしてもらいそれを授業で読む（実態によっては配慮をしなければならない場合があるが、家族からの手紙を読むことにより自分が誕生したことでどれだけの人が喜んだのかを知る）。

手紙がない場合は、教師の実体験などを話してもよい。

7．授業の振り返りをする

【指示3】3つの観点で振り返りを行う。

①授業前の自分の考えはどうだったか。

②今日の授業で学んだことは何か。

③これからどう行動していきたいか。

1年生でノートに振り返りを書くことが難しい場合は、選択肢を作り、〇をつけるようにする。

（松島博昭）

自然愛護
「げんきにそだて、ミニトマト」（東京書籍）

 子どもが書きたくなるようなワークシート作りを！

【主体的な学びの発問指示】
あなたは、生き物を育てたり、世話をしたりしたことはありますか。

【対話的な学びの発問指示】
ミニトマトには、「わたし」のどんな思いがつまっていると思いますか。

【深い学びの発問指示】
あなたは、今育てているミニトマトのために、どのようなことをしたいですか。

「わたし」は、ミニトマトの苗に話しかけながら、大切に水やりをしている。それを見たお母さんが「ミニトマトも水と太陽の光を浴びて、あなたのようにぐんぐん大きくなっている」と声をかける。それを聞いた「わたし」は、もっと頑張って育てようという気持ちになる。

そして、大きくなったミニトマトを見て「わたし」は、実の中に土の栄養や太陽の光や、私の気持ちがいっぱいつまっていると感じるというお話である。

子どもたちは、生活科の学習で植物を育てる活動をしている。自分とお話の「わたし」を重ね合わせ、身近な自然に親しみを持ち、大切に育てようという気持ちを持つことができる。

1．生き物の世話をした経験と、その時の思いを尋ねる

【発問1】あなたは、生き物を育てたり、世話をしたりしたことはありますか。

　本文に入る前に、生き物の世話をした経験と、その時に感じた思いなどを思い起こさせる。子どもたちの本時の学習と関連する経験などを思い起こさせることは、学習を進めるうえで、大切なことである。生き物を飼った経験のない子どもたちも、生活科で接してきた動植物のことを思い起こすことができるので、全員が自分と生き物との接点に気付くことができる。

2．資料を読み聞かせる

　続いて、資料を読み聞かせる。その際「（ミニトマトを育てているのが）みんなと同じだね」など、子どもたちが「わたし」と自分を照らし合わせて考えられるような声かけをする。

3．ミニトマトにつまった、「わたし」の思いを考えさせる

　資料の中に「この赤い実の中に（中略）わたしのきもちがいっぱいつまっているんだ」と書かれている。このミニトマトにつまった「わたし」の思いは、本時の主題である自然を愛護する思いである。よって、そこを中心発問とする。

【発問2】ミニトマトには、「わたし」のどんな思いがつまっていると思いますか。

　導入部分や読み聞かせの場面で、子どもたち自身が「わたし」と自分を照らし合わせることができるような工夫をしたので、子どもたちは「わたし」の思いを想像しやすいだろう。

　その際、通常の四角い枠に書かせるのではなく、ミニトマトをかたどった枠に考えを書かせる。そうすることで、「わたし」の思いが、ミニトマトにつまっていることを視覚的に感じることができる。そして、早く書き終えた子には色鉛筆でミニトマトの色を塗らせると、空白を埋めることもできる。

4．本時の振り返りをさせる

【発問3】あなたは、今育てているミニトマトのために、どのようなことをしたいですか。

道徳での学びを、実生活に生かそうとすることが重要である。今回は、子どもたちにとって身近な、ミニトマトを育てている「わたし」の話であったので、子どもたちも振り返りをしやすい。「今までは〜だったが、これからは〜してミニトマトを育てていこう」や、生き物全般との関わり方について、まとめを各々ができればよい。

5．生活科との接続

生活科で植物を育てる際に、自分の植物に名前を付けるとよい。そして、付けた名前を園芸用のカードに書かせて、土に刺しておく。子どもたちは多少戸惑うが、各々自分の好きな名前を付けることで、愛着が生まれたようだった。子どもは、「私のトマトちゃんに、実ができたよ！」と嬉しそうに報告するようになる。また、資料の「わたし」のようにミニトマトに声をかけさせるのもいいかもしれない。

ワークシート例

げんきに　そだて、ミニトマト

2年2組（　　　　）

一．「わたし」がそだてたミニトマトには、「わたし」の、どんな気もちが、つまっているのでしょう。考えて書きましょう。

（三俣貴裕）

82

感動、畏敬の念
「花さき山」（東京書籍）

3年

 クラスに咲くの花を考えることで、見た目だけでなく人の優しさに
も感動することに気付かせる。

【主体的な学びの発問指示】

クラスには、何個の花が咲いていますか。

【対話的な学びの発問指示】

なぜ、優しくしたり我慢したりすると花さき山に花が咲くのですか。

【深い学びの発問指示】

相田みつをさんの詩を聞いた感想を書きなさい。

　山の中で道に迷った「あや」は「山ンば」から花さき山の話を聞く。その山
は、人が優しいことをすると1つ花が咲くのだ。また、辛いことを我慢した時
にも花が1つ咲く。人の心や行動の気高さには、花以上の美しさがあることに
気付かせる。

1．美しさを感じるものについて考える

【発問1】あなたが美しいと感じるものにはどんなものがありますか。

　想像しやすくするためにきれいな花や山、雪の結晶などの写真を見せてもよ
い。
・花や山
・芸能人のきれいな人
・イルミネーション

2．教師が資料を範読する

　花さき山は、有名教材である。
　YouTube で検索すると読み聞かせをしている映像やアニメーションを見せ
ることもできる。また、BGMを流しながら読み聞かせをすると雰囲気が高まる。

3．お話の状況を理解させる

【発問2】登場人物は誰ですか。

・あや 　・山ンば 　・そよ 　・お母さん

【発問3】花さき山の花はどんな時に咲きますか。

・優しいことをした時。

・人のために誰かが我慢して涙をこらえた時。

【発問4】山はどんな時にできますか。

・命をかけて誰かが人のために行動した時。

4．議論させる発問を行う

【主発問】

なぜ、優しいことをしたり人のために我慢したりすると花さき山に花が咲くのでしょうか。

【指示1】花が咲く理由をノートに書きます。書けたら先生のところに持ってきます。

　理由を発表させる。

・心が気持ちよくなると花が咲いたようになるから。

・我慢しているといつかよいことが待っているから。

・人のよい行動も美しいと考えたから。

5．もう一歩の突っ込みをする発問

【発問5】今のクラスには何個くらいの花が咲いていますか。それはどんな時に咲いた花ですか。

【指示2】ノートに個数を書きます。書けたらどんな時に咲いた花なのかを書きます。1つ書けたら先生のところに持ってきます。

ノートをチェックして、意見を黒板に書かせる。

　黒板に書かれた意見を発表させる。

・ドンマイって失敗した時に声をかけてくれた。

・給食当番ができない時に代わってくれた。

・教室が汚れている時にすぐに掃除してくれた。

　黒板に書かれた意見に花丸をつけていく。

　たくさんの意見が出たら「クラスにたくさんの花が咲いていますね」と言い、意見が少ない場合は「これから花を咲かせていきましょう」と伝える。

6．詩を紹介する

　相田みつをさんの詩を読み聞かせる。

> 「花を支える枝
> 枝を支える幹
> 幹を支える根
> 根はみえねんだなぁ」

> 【語り】きれいな花を見た時に、それを支えている根は全く見えないのです。きれいな花や山などの自然やきれいな絵を見て「美しい」と思います。しかし、それだけではなく、それを支える努力や優しさや我慢、こうした生き方にも人は美しさを感じるのですね。

7．授業の振り返りをする

　３つの観点で振り返り道徳ノートに書かせる。

> 【指示3】３つの観点で感想を書きなさい。

①授業前の自分の考えはどうだったか。

②今日の授業で学んだことは何か。

③これからどう行動していきたいか。

（松島博昭）

「安定型」道徳授業の基礎基本 1年
「はしのうえのおおかみ」（日本文教出版）

 POINT! くまの優しさに触れたおおかみの心の変化を機に、「親切」について考える。

1．授業の流れ

（1）価値の方向付けをする

【発問1】今まで親切にされて嬉しかったことはありますか。

（2）教材に触れさせる（読み聞かせをする）

【指示1】「はしの上のおおかみ」。先生が読みますから、聞きます。

（3）お話の状況を理解させる

【発問2】登場人物はだれですか。―うさぎ、おおかみ、きつね、たぬき、くま。

【発問3】うさぎはおおかみに出会って、どうなったのですか。

　　　　　―どなられた、戻らされた。

【発問4】くまは、おおかみに出会って、どうしたのですか。―親切にした。

【発問5】うさぎはまたおおかみに出会って、どうなったのですか。

　　　　　―親切にしてもらった。

【主発問】

親切にされて嬉しかったのは誰ですか。理由も書きなさい。

（4）「価値の一般化」を図る

【指示2】休み時間、友達と同じ本を読みたくなりました。親切にするなら、あなたに何ができますか。

（5）学習の振り返りとまとめ

【指示3】授業の感想をノートに書きなさい。

2．授業のポイント

　安定型の授業は、定番と言われる授業の組み立てで行う。

　安定型を使えば、どの教科書教材でも授業を組み立てることが可能である。

①「導入」―「価値の方向付け」をする

　安定型の授業は、「導入」「展開」「終末」で授業を行う。

　子どもの思考が教材の内容項目から大きくずれないように、価値の方向付けを行うことが大切である。

　価値を方向付けるためには、「子ども自身の身近な問題から導入する」方法を活用するとよい。授業の最初に「親切にしてもらったことはありますか」「人を助けたことはありますか」など、自分のこととして捉えさせる発問をする。

②「展開」―教科書を使って授業を行い、「一般化」を図る

　展開では、教科書教材を扱った授業を行う。

　教科書を読み聞かせ、内容を確認し、主発問を行うのが、基本型である。

　その上で、次の方法でもう一歩突っ込む。

「一般化」― 普段の生活の一場面に置き換えて考えさせる。

　普段起こりうる場面で、自分はどのような発言や行動ができるかを具体的に考えさせることで、子どもたちは自分のこととして問題を捉えることができる。

③「終末」―さらなる意欲を向上させる「エピソード」

　終末では、この時間の学習内容を強化するため、追加のエピソードや授業で使えるものを準備しておく。授業のまとめとして活用するのである。

　最後に、感想を書かせる。できるだけ長く書くように指示をする。

　安定型の授業は、導入・展開・終末が一本につながっていることで、子どもの理解度が増すのである。

【評価のポイント】　※ノートを元にする。

価値理解　「他者を思いやる」「親切にしたい」等の内容が書かれているか。

人間理解　「親切にしたい」「自分も親切にされたい」等の内容が書かれているか。

他者理解　友達の多様な意見も受容する内容が書かれているか。

（三枝亜矢子）

「議論型」道徳授業の基礎基本 3年
「絵葉書と切手」（学研みらい）

 対立する意見のどちらを選択するかを考え、議論する。

1．授業の流れ

（1）教材に触れさせる（読み聞かせをする）

【指示1】先生が読みますから、聞きなさい。

（2）お話の状況を理解させる

【発問1】誰が出てきましたか。—登場人物の確認。

【発問2】誰がどんな意見を言っていますか。—対立する意見の確認。

【主発問】

あなたは、どちらの意見に賛成ですか。ノートに書きなさい。

（3）自分の意見をはっきりさせ、理由を書かせる

【指示2】自分の考えとそのように思う理由をノートに書きなさい。

（4）議論させる

【指示3】班で、自分の意見を言い合いましょう。

【指示4】全体で討論します。少数派から意見を言ってごらんなさい。

（5）子どもたちの意見をゆさぶる

【発問3】○○さんの意見は、どんな場合でも当てはまりますか
（違う状況を提示し、もう一歩つっこんで考えさせる）。

（6）最終の意思決定をさせる

【指示5】授業の感想をノートに書きなさい。どの意見に賛成かも書くのですよ。

2．授業のポイント

　議論型の授業は、考え議論する道徳に適した授業形態である。

　議論型の授業を行うには、「異なる2つ以上の考えが出てくるタイプの教材」を選んで授業を組み立てる必要がある。

① 一人一人の立場をはっきりさせる

　議論を引き出すためには、一人一人の立場をはっきりさせる必要がある。主人公の行動に賛成か反対か、二人の意見のどちらに賛成かなど、二者択一の発問をすることがポイントである。3つ以上の意見が出てくる場合は、「誰の意見に賛成ですか（近いですか）」と問えばよい。

　自分の立場をはっきりさせた後、その理由をノートに書かせ、議論を行う。

② 議論は、「少人数→全体」のステップで仕組む

　いきなりクラス全体で議論させようとしても、子どもの発言が少なく話し合いにならないことがある。議論させるためには、「少人数からスモールステップで仕組む」ことが大切である。次のようなステップで議論にもっていくとよい。

---

①お隣同士での話し合い（3分）

②班ごとによる少人数での議論（3～4分）

③全体議論

　少人数なら子どもたちも意見を出しやすい。少人数で意見を出し、友達に認めてもらうからこそ、全体の場で堂々と意見を言うことができる。

③ 子どもたちの発言をゆさぶる

　議論で多様な意見を引き出すために、子どもたちから出た意見に対して、「本当にそう思いますか」「他に方法はないのですか？」などとゆさぶる。これにより多様な意見が引き出され、多面的・多角的な授業となる。

【評価のポイント】　※ノートを元にする。

価値理解　自分の意見と理由が書けているか。

人間理解　「自分が正しいと思うことでも、状況によってはもう一方が正しい時もある」といった内容が書かれているか。

他者理解　自分とは反対の意見も認める内容が書かれているか。

（堀田知恵）

「感動型」道徳授業の基礎基本 **3年**
「ワールドカップのごみ拾い」（学校図書）

 感動した場面の理由を話し合わせ、共有する。

1．授業の流れ

（1）教材に触れさせる（読み聞かせをする）

【指示1】先生が読みますから、聞きなさい。

（2）お話の状況を理解させる

【発問1】お話を聞いて「すごいな」と思ったことは何ですか。
【指示2】その部分に線を引きなさい。

【主発問】
どうしてそこに線を引いたのですか。理由をノートに書きなさい。

（3）発表させる

【指示3】理由が書けた人は、立って発表します
（挙手した子に発表させる。教師は肯定的に受け止める）。

（4）交流させる

【指示4】隣の人に、線を引いた箇所と理由を言いなさい。
【指示5】今から三人の人と意見を交流しなさい。

（5）もう一歩突っ込んで考えさせる

【発問2】（日本人の礼儀正しさが分かる事例を他にも用意しておく）
このような日本人のことを、どう思いますか。

（6）感想を書かせる

【指示6】授業の感想をノートに書きなさい。

２．授業のポイント

　感動型の授業は、感動に触れさせる授業の組み立てで行う。

　フィクションで人は感動しない。よって、感動型の授業は、偉人のエピソードや実際に起こった出来事など、「ノンフィクションの教科書教材」で組み立てるとよい。

①教材の内容について発問しない

　感動型の教材では、教材の内容を問うと

子どもの感動が薄れてしまう。

　一問一答式のように、内容を理解させるための発問をすると、子どもたちの「すごいな」という素直な感動が内容理解の方に偏ってしまう。また、自分が「すごいな」と思ったところに線を引くという行為に、正解・不正解はない。だからこそ、内容について是非を問う必要はない。

②教師はすべて肯定的に受け止める

　感動した場面・感動した理由は、人それぞれ違っていてよい。よって、最初に発表した子どもの意見は、すべて肯定的に受け止めることが重要である。教師が肯定的に受け止めることで、次に発表する子どもも安心して発表することができる。「それぞれに感動する場面があっていい」ということを教師が示すことで、多面的・多角的な捉え方を引き出すことができる。

③共有することで感動を大きくする

　感動した場面を共有することは重要である。自分と同じところに線を引いていたとしても、その理由はさまざまである。自分とは異なった意見を認め合うからこそ、道徳的価値観が深まっていく。そのような多面的・多角的な見方を知ることで感動がより大きくなる。「自分もこんなふうになりたい」「自分もこんなふうにできるようになりたい」という気持ちが持てるようになるとよい。

【評価のポイント】　※ノートを元にする。

価値理解　感動した場面を見つけ、その理由が書かれているか。

人間理解　人の行動が、他の人の行動を変えるという内容が書かれているか。

他者理解　自分とは異なる意見のことも認める内容が書かれているか。

（大濱和加子）

4 ┃ 5つの授業の型で、低学年道徳の教科書を攻略する！

「活動型」道徳授業の基礎基本 2年
「あいさつがきらいな王さま」（日本文教出版）

 POINT! 5つのパーツで組み立てる。

1．授業の流れ

（1）つなげたい活動に適した教材を選ぶ（読み聞かせをする）

> 【指示1】「あいさつがきらいな王さま」。先生が読みます。

（2）お話の状況を理解させる

> 【発問1】あいさつができなくなった国は、どんな国になりましたか。
> 【発問2】うっかりあいさつをした王様は、どんな気持ちになりましたか。
> 【発問3】あいさつができるようになった国は、どんな国になりましたか。

【主発問】
> 気持ちのよいあいさつとは、どんなふうにするのですか。

> 【指示2】お隣同士で「おはよう」。やってごらん。
> 【指示3】前に出て、先生にやってみせて。

（3）個別評定をする

> 【説明1】みんなのあいさつを見て、先生が10点満点で点数をつけます。
> 【発問4】○○さんのどこがよかったですか。

（4）変化をつける発問で、思考を深める

> 【発問5】気持ちのよい「いただきます」は、どんなふうにしますか。
> 【指示4】お隣同士でやってごらん。

（5）今後の活動と結びつける。

> 【説明2】気持ちよく生活するために、あいさつは欠かせません。

【指示5】毎日みんなで10点満点のあいさつをしていきましょう。

2．授業のポイント

　活動型とは、日々行う様々な活動につなげる授業の組み立て方である。

　よって、あいさつやお辞儀、お手伝いなど「日常の具体的な場面を想定できる教科書教材」を使って授業を組み立てるとよい。

① 読み聞かせは「ゆったりと」「最後まで」行う

　低学年の子の場合、読み聞かせのスピードが速いと、話の内容が分からなくなる。内容が理解しやすいよう、教材はゆったりと読み聞かせる。

　また、話の途中で教師が確認や解説を入れると、子どもの思考を途切れさせてしまうことになる。まずは最後まで読み聞かせをし、その後いくつかの発問をして、話の内容を整理していく。

② ロールプレイングをする

　低学年の子どもは、演じることが好きだ。活動型の授業では、実際に役を演じさせる「ロールプレイング」をすると盛り上がる。この教材の場合なら「気持ちのいいあいさつって、どうするの？」と発問し、子ども同士でさせてみる。次に、全員の前で実際にやらせてみる。

③ 個別評定をする。

「みんなのあいさつを見て、先生が10点満点で点数をつけます」と言うと、さらに熱中度が高まる。子どもは、評価・評定されることが好きである。友達の様子を見て、「もっと高得点を取るにはどうすればよいのかな」と自然に考えるようになる。時々、「○○さんのどこがよかったですか」と発問すると、よいあいさつの条件がはっきりしてくる。高得点が出た時には、大きな歓声が起こる。活動が楽しいからこそ、子どもは主体的に学ぼうとするのである。

【評価のポイント】　※発言やノートを元にする。

価値理解	「気持ちのよいあいさつをする」という内容が書かれているか。
人間理解	「気持ちのよいあいさつができない時もある」といった内容が書かれているか。
他者理解	友達の活動を見て、相手のよい点を見つけられているか。

（津田泰至）

「自我関与型」道徳授業の基礎基本 2年
「わりこみ」（日本文教出版）

 POINT! 条件を次々と変化させ、「多面的・多角的な考え」を引き出す。

1．授業の流れ

（1）教材に触れさせる（読み聞かせをする）

【指示1】「わりこみ」。先生が読みますから、聞きなさい。

（2）お話の状況を理解させる

【発問1】誰が出てきますか。―ぼく、けんじ、いさむ。
【発問2】お話を読んで、「よくないなぁ」と思ったことは何ですか。
【発問3】お話を読んで、「いいなぁ」と思ったことは何ですか。

【主発問】

あなただったら、「ぼく」のように友達に注意することができますか。また、その理由は何ですか。

（3）自分の立場をはっきりさせ、理由を書かせる

【指示2】ノートに「できる」「できない」のどちらかを書きなさい。
【指示3】そのように思う理由を、ノートに書きなさい。

（4）発表させる

【指示4】班で、自分の意見を言い合いっこしてごらん。

（5）もう一歩突っ込んで考えさせる

【発問4】わりこんできたのが2～3歳の子どもだったらどうしますか。
【発問5】わりこんできたのが年上のこわい男の子だったらどうしますか。
【発問6】わりこんできたのが一番仲のいい友達だったらどうしますか。

（6）感想を書かせる

【指示5】授業の感想をノートに書きなさい。

2. 授業のポイント

　自我関与型は、自分とのつながりの中で、道徳的価値について考えさせる授業の組み立てで行う。この型は、「主人公が自分の信念に従い行動する教材」や「主人公がどう行動するか迷う教材」で組み立てるのがよい。

①「自分ならどうするか」を問う

　自我関与型の教材では、「自分だったらどのような行動をとるか」を考えさせるのがよい。「自分ならこうする」という意見には正解・不正解がない。そのため、子どもたちは本音を発言しやすくなる。「あなただったら、主人公のような行動ができますか」「できない（できる）としたら、それはなぜですか」というように、理由もあわせて考えさせるとよい。

② 条件を変えて、さらに考えさせる

　多面的・多角的な考えを引き出すためには、条件を変化させ、子どもたちの思考をゆさぶる。新たな視点で発問することが効果的だ。

「わりこんできたのが2〜3歳の子どもだったらどうしますか」
「わりこんできたのが年上のこわい男の子だったらどうしますか」
「わりこんできたのが一番仲のいい友達だったらどうしますか」

③ 多様な意見を認め合う

　自分とは異なった意見を認め合うからこそ、道徳的価値観が深まっていく。

　多様な意見を引き出す前提として、教室が「受容的な雰囲気」であることも大切だ。これは一朝一夕ではできない。普段の授業での積み重ねが必要だ。

【評価のポイント】　※感想文を元にする。

価値理解　身勝手な行動は正すべきだといった内容が書かれているか。
人間理解　身勝手な行動は正すべきだが、それが難しく感じる場合もある、といった内容が書かれているか。
他者理解　自分とは異なる意見のことも認める内容が書かれているか。

（津田泰至）

1 「いじめ」を道徳でこう授業する（1）

「いじめはしてはいけないこと」を実感させる

 POINT! いもうとの様子から、「多面的・多角的な考え」を引き出す。

> 【主体的な学びの発問指示】そんな簡単なことならなぜ、クラスの子はすぐにはじめなかったのですか。
> 【対話的な学びの発問指示】どうすればこの子は次の日から学校へ来ますか。
> 【深い学びの発問指示】クラスの友達は「いつ」「どんな」ことをしていれば、妹はこんな思いをせずに済んだのでしょうか。

いじめをなくすには、いじめについての正確な知識を教えるだけでは不十分である。理屈だけでは、行動の変化に結びつかないためである。「いじめはしてはいけない」ことを感情を伴って感じさせることで、行動の変化へとつながる。「わたしのいもうと」は、いじめの体験談を絵本にしたものである。「いじめはしてはいけない」ことを実感させる強力な資料である。

1．いじめのひどさを感じさせる

まず、教師が絵本を（「まい日がゆっくりとながれ」まで）範読する。

子どもに読ませるのではなく、教師がゆっくりと読み聞かせることで、発達障害の子どもを含む全ての子どもの脳に話がインプットされる。

【発問1】「ゆっくり」流れたと感じた人は誰ですか。

もちろんいじめられている妹であるという意見が出る。そして、妹以外にもお姉ちゃんである「わたし」や、家族などの意見が出る。「いじめは、本人だけじゃなくて、まわりにいる人にもつらい思いをさせるんだね」と説明する。

続けて、絵本を（「でも　いもうとは」まで）範読する。

【発問2】「でも　いもうとは」の続きを考えて書きなさい。

「学校に行けない」という意見が多く出ると思われる。その後、実際の絵本にある続きを紹介する。「学校に行けない」状態よりももっとひどい状態であることが分かり、子どもたちはいじめのひどさをより強く感じるだろう。

2．どうすれば学校に来られるのかを考える

　続き（「つるをおっているのです」まで）を範読する。

> 【発問3】どうすればこの子は次の日から学校へ来ますか。

　班などで話し合わせるとよい。一人ではなく、話し合わせることで、「いじめをしている人が謝る」「先生に言う」などの表面的な意見で終わるのではなく、深い議論へとなっていく。この答えはなかなか出ない。謝るだけで、本当に学校に行けるだろうか。班での話し合いの後に、全体で議論するとより理解が深まる。

3．いじめを止めることができたのはどこかを考える

> 【主発問】
> クラスの友達は「いつ」「どんな」ことをしていれば、妹はこんな思いをせずに済んだのでしょうか。

　どの時点でどんなことをしていれば、いじめを止めることができたのかを考えさせる発問である。子どもたちは、「初期の時点で、誰かが『やめて』と言えばよかった」などの意見が出る。この意見には、さらに突っ込みたい。「『やめて』と言える人？」と尋ねる。「自分がいじめられると嫌だから言えないかもしれない」という意見を引き出すとよい。そのように、議論をしていくと「先生に言う」「その子に『大丈夫？』と声をかける」などの意見が出る。

　ただ、この時点でも、子どもたちはまだまだいじめを自分のこととして考えることができていない。そこで、さらに突っ込んで次の発問を行う。

> 【発問4】そんな簡単なことならなぜ、クラスの子はすぐに始めなかったのですか。

　この発問で子どもたちはいじめについて主体的に考えることになる。いじめ

を止める行動は、簡単なことであるはずなのに、止めることができていない自分を省みることになる。

「自分がいじめられるのがこわいから」「自分じゃないから関わりたくないから」などの意見が出るだろう。自分の弱さに目を向けることになる。

４．いじめのひどさを再び感じさせる

続きを範読していく。最後のページの手紙の途中「わたしを　いじめたひとたちは　もう　わたしを」で一度止める。

【発問５】続きは何と書いてあると思いますか。

これは、何人かを指名して答えさせるとよい。その後、正解を告げる。子どもたちは、いじめのひどさ、つらさを強く感じるはずである。

最後に、授業の感想を書かせる。

【指示】授業の感想を書きなさい。

このような感情に訴える強力な資料を使い、授業を行うことで「いじめをしてはいけない」ことを実感させることができる。また、「いじめを見逃さない」意識を高めることもできる。

時間があれば、傍観者がいじめを止めようとした場合は、数秒内に57％のいじめは止まった（ホーキンス（Hawkins et al. 2001）より）というような研究結果などを紹介するとよい。さらにいじめを許さない教室の雰囲気ができるだろう。

【評価のポイント】　※感想文を元にする。
価値理解　「いじめは絶対に許さない」といった内容が書かれているか。
人間理解　「いじめが駄目なことは分かっているけど、自分がいじめられるのがこわいから止められない」といった内容が書かれているか。
他者理解　自分の意見と反対の友達の意見を認める内容が書かれているか。

出典（和久田学「学校を変えるいじめの科学」）

（片山陽介）

いじめを許さないことを実感させる授業 **2年**
「およげないりすさん」（日本文教出版）

 POINT! 3つの変化を起こす発問で、いじめを許さないことを実感させる。

【主体的な学びの発問指示】これはいじめですか。違いますか。
【対話的な学びの発問指示】なぜいけないことだと言わなかったのですか。
【深い学びの発問指示】他の動物はどうしてそんなことをしたのですか。

いじめについては、海外では研究がとても進んでいる。いじめを防ぐために、エビデンスのある方法もたくさん生まれてきている。

いじめを防止するためには、3つの Change が必要である。1つは、Cognitive Change（認知の変化）、もう1つは、Behavior Change（行動の変化）、最後は Climate Change（学級風土の変化）である。

この授業を通して、この3つの変化を生み出せるようにしていく。

1．これはいじめかどうかを考える

お話全体を読み聞かせた後、次のように問う。

【主発問】

りすさんは泳げないので、みんなは一緒につれていかないと言いました。これはいじめですか。そうではないですか。

「いじめだ」「いじめではない」を決めさせ、理由を書かせる。

その後、全体かグループで議論をする。グループで議論をさせる場合は、各グループでどちらかの意見にまとめさせると面白い。

さて、これはいじめだろうか。泳げないから仕方がないのだろうか。学級で、も「仕方がない」という意見が出るだろう。

2．身近な例に置き換えて考えさせる

【発問1】では、身近な例に置き換えてみましょう。ドッジボールをしようとします。下手な子が入れて欲しいと言ってきました。でも下手なので「○○さんは投げられないからだめ」とみんなが言いました。これはいじめですか。いじめではないですか。

　もう一度、全体やグループで議論させる。きっと、「仕方がない」という意見が変化してくるだろう。いじめではないかという意見が増えてくるだろう。

3．被害者はなぜ我慢するのか
　加害者はなぜそのような行動をするのか

【発問2】だめと言われた時、りすさんはどのような気持ちだったでしょう。

「つらい気持ちだった」「とても悲しい」などが出るだろう。

【発問3】そんなにつらいなら、なぜ我慢をしたのですか。

　いじめの被害者はさらに仲間外れにされたり、もっとひどい仕打ちを受けたりすることがこわくて、言い出せないことがほとんどである。そのような状況であることを理解させる。

【発問4】他の動物たちは、なぜそんなことをしたのですか。

　ここは理解が深まる部分である。いじめ加害者の特徴である「考え違い（シンキングエラー）」「力の不均衡（アンバランスパワー）」に気付かせたい。「泳げないから、仕方がない。仲間外れにしてもよい」という考えの間違い、いじわるをしようとする気持ちが本当になかったのか、1対多数である状況などを確認していく。

4．傍観者の立場でも考えさせる

【発問5】いけないことだと気が付いていた動物がいたかもしれません。
　　　　　その動物はなぜ、いけないと言わなかったのでしょうか。

「言うことで、自分も仲間外れにされるかもしれない」と思ったことなどを確

認する。つまり傍観者も止めることが難しいことを伝える。いじめはそのように止めるのが難しいことであることを伝える。

5．今日の学習をまとめる

最後に、今日の学習をまとめる。

いじめをする側の人には、「○○だから仕方がない」「仲間外れにしてもよい」という考え違いがあるということ、力関係の違いがあること、被害者は「もっとひどくなったら」という思いで言い出せないこと、見ている人にも「自分もされたら」という思いがあることなどを確認していく。

【発問6】 このようないじめを自分たちだけで止めることができますか。

きっと難しいという意見が多いだろう。だから、大人にそっと告げること、誰かに助けを求めることなどを教える。

6．感想を発表させる

最後に、授業の感想や学びを発表させる。そして、同じような場面を見た際にどのようにするのか、どう行動しようと思うのかを書かせて発表させる。

できれば、どう行動するのかを書いた紙を教室に掲示する。

教室に掲示することで、学級内の雰囲気も変わっていく。こうしていじめを見逃さない雰囲気が生まれていく。

【評価のポイント】 ※発表や記述を元にする。
価値理解 いじめがなぜ起こるのかを理解していたか。
人間理解 加害者、被害者、傍観者の理由を考えることができたか。
他者理解 友達の発表や感想を聞き、考えを深めることができたか。

（畦田真介）

「いじめに負けない子」を育てる授業 低学年

 いじめを乗り越え夢をかなえた人物を紹介し、いじめに負けない心
を育てる。

【**主体的な学びの発問指示**】自分が三人だったらどのようにしていじめを
克服しますか。
【**対話的な学びの発問指示**】グループで意見を発表しましょう。
【**深い学びの発問指示**】感想を書いて発表しましょう。

　いじめを乗り越え、自分の夢を実現した人物を紹介することで、いじめに負
けない子を育てる授業である。江口儀彦氏の修正追試である。

1．3人の日本人を紹介する

【説明1】今から三人の日本人を紹介します（上村愛子、野口英世、新垣勉の
　　　　写真を見せる）。一人目の日本人です（上村愛子の写真を見せる）。

　モーグルは、急で凸凹の激しい斜面を滑り降り、ターン技術、エア演技、ス
ピードを競うスキーの競技である。上村愛子がモーグルの試合で競技をしてい
る動画を見せるとよい。

【指示1】主な成績を読みましょう。

・オリンピック出場4回（最高4位）　・ワールドカップ優勝10回
・世界選手権優勝2回

【指示2】感想を言いましょう。
【発問1】二人目の日本人です。誰でしょう。―野口英世。
【発問2】何をした人ですか。―ある病気をなくそうとした人。

【説明2】アメリカやガーナなど6カ国で細菌学者として活躍しました。今で
　　　　も世界中で尊敬されています。アフリカでは黄熱病の研究に命をか
　　　　け、アフリカのガーナには野口博士がいた研究所跡地に「野口記念

医学研究所」が作られています。

【説明3】 三人目の日本人の名前です。読みましょう。(新垣勉「あらがきつとむ」と言わせる)新垣さんは、近年、音楽会で注目されているテノール歌手です。心を打つあたたかい話を交えながらのステージに、多くの人たちが安らぎと勇気を与えられています。

2.三人に共通することを考えさせる

【発問3】 三人に共通しているのは何ですか。

「すごい人」「一流の人」などの意見が出る。

【説明4】 そうですね。実は他にも共通することがあるのです。

【説明5】 上村さんの子ども時代です。「転校してから中学生の初めくらいまでずっといじめにあっていた。練習に行くと私のグローブがなくなっていた。必死で捜したら雪がいっぱい中に詰まっていて、洗濯機の中でぐるぐるまわっていたこともあった。またある日はスキーがなくなっていた。やっとのことで捜し出すとソールが石で削られてボロボロになって、ゴミのように捨てられていた。目を疑ったけど正真正銘私のスキーだった。『学校に行きたくない』とわがままを言ってお母さんを困らせたこともあった」

【説明6】 野口英世は1歳の時、囲炉裏に落ちてしまい、その時火傷した左手は指同士がくっついて動かなくなってしまいました。その手のことで「てんぼう」とからかわれ、それが嫌で学校を休むようになりました。

【説明7】 新垣さんは、アメリカ軍に統治されている沖縄で生まれました。生後間もない時助産師さんが誤って劇薬を目に刺してしまい、生まれてすぐに失明してしまいました。さらに新垣さんが1歳の時両親が離婚し、アメリカ人のお父さんは本国に帰ってしまいました。目が見えないこと、アメリカ人の子どもであることで馬鹿にされました。「なぜ僕だけが苦しまなければいけないのか」「僕はこの世の中にいない方がいいのだ」と考えるようになりました。

【発問4】 三人に共通していることは何ですか。―いじめを受けていた。

3. どうやっていじめを乗り越えたのか

【主発問】

自分が三人だったらどのようにしていじめを克服しますか。

自分だったらどうするのかを考えさせる。

【指示3】グループで意見を発表しましょう。

【説明8】上村愛子さんは、お母さんから「愛ちゃんが人に嫌がらせをされる
　　　　ようなことをしていないという自信があるなら、そんなことに負け
　　　　ずに、もっと強くなりなさい」と言われました。それからスキーに
　　　　熱中するようになります。

【説明9】学校を休んでいた野口英世さんは、お母さんにこう言われます。「一
　　　　生懸命勉強すれば、必ず報われる。人様の2倍勉強すれば、2倍偉
　　　　くなれる。おまえは、勉強だけしてもらえばいいんじゃ。わかった
　　　　か」それから勉強に熱中します。

【説明10】新垣さんが通っていた教会の牧師さんに勧められて、高校1年生の
　　　　新垣さんは大勢の前で歌を歌いました。すると知らず知らずのうち
　　　　に涙が溢れ、頬をつたいました。死ぬことばかり考えていた新垣さ
　　　　んは、いつしか、将来、人を癒やすような歌を歌いたいと思いました。

【発問5】どのようにして克服しましたか。
　　　　—何かに熱中した。
【指示4】三人の言葉を読みましょう。

上村愛子
「私は、誇れるものを見つけた。それがモーグルだった。自分を信じ、明るい未来を願えば、それはきっとかなう。輝く私がきっといる。」

野口英世
「絶望のどん底にいると想像し、泣き言を言って絶望しているのは、自分の成功を妨げ、その上、心の平安を乱すばかりだ。」
「努力だ。勉強だ。それが天才だ。誰よりも、2倍、3倍、勉強する者、それが天才だ。」

新垣勉
「僕には、僕にしかできないことがある。ナンバーワンの人生を目指すのではなく、自分に与えられたオンリーワンの人生を大切にしよう。」

最後に授業の感想を書いて発表させる。

【評価のポイント】　※発表や記述を元にする。
　価値理解　「いじめに負けない」気持ちを深めることができたか。
　人間理解　三人のつらい気持ちに共感することができたか。
　他者理解　友達の考えを聞いて自分の考えを深めることができたか。

（畦田真介）

「いじめられっ子を助けるスキル」を身につける授業 1年
「やめろよ」（日本文教出版）

 ぽんたの行動から、勇気を出して行動することの大切さに気付く。

【主体的な学びの発問指示】お話の中で悪いのは誰ですか。

【対話的な学びの発問指示】どうすれば、ぴょんこは泣かずに済みましたか。

【深い学びの発問指示】ぴょんこが泣き出さなかったら、ぽんたたちはそのまま通り過ぎても良かったですか。

「やめろよ」は、日本文教出版の１年生の教科書の教材である。

　いつも誰かにいじわるをする「こんきち」に対して、「ぽんた」が勇気を出して「いじわるはやめろよ」と言う場面から、正しいことをしたり言ったりすることの大切さについて考えさせる資料である。

　正しいことは分かっていても、こわくて勇気を出して伝えることができない子どももいるだろう。見て見ぬふりをして通り過ぎようとしたぽんたと、「やめろよ」と言うことができたぽんたの行動を比べながら、正しいことを伝えるよさに気付くことができるようにする。

１．資料を読み聞かせる

　まず、教師が資料を範読する。

　子どもが場面を思い浮かべられるような口調で読む。

２．お話の状況を理解させる

　お話の状況を、簡単に確認していく。

【発問１】こんきちはいつも何をしていますか。―誰かを泣かせている。

【発問２】ぽんたが注意しようとした時、こんきちは何をしましたか。
　　　　　―こわい顔でぽんたをにらんだ。

【発問３】ぽんたたちは、どうしてそのまま通り過ぎようとしたのですか。

―こんきちがこわかったから。

【発問4】ぽんたたちは、最後こんきちに何と言いましたか。

　　　―「いじわるはやめろよ」と言った。

3．いけないところを見つけさせる発問を行う

　お話の中に出てくるいけないところを共通理解する。

【発問5】お話の中で悪いのは誰ですか。

　子どもたちからは当然「こんきち」という意見が出る。ここでもう一歩踏み込んだ発問をする。

【発問6】悪いのはこんきちだけですか。また、それはなぜですか。

　5名程指名し発表させ、いじわるをするこんきちも悪いが、それを悪いと分かっていて見て見ぬふりをするぽんたたちもよくないことを確認する。

・ぽんたたちも悪い。

・いけないと分かっているのにそのまま通り過ぎようとしたから、ぽんたたちも悪い。

4．具体的な行動を考えさせる発問を行う

【主発問】

どうすれば、ぴょんこは泣かずに済みましたか。

　ここでは指名なし発表で次々と発表させ、様々な意見が出てくるようにする。すぐに意見が出にくい場合にはノートに書いたものを持ってこさせて○を付けたり、隣同士で意見を言い合ったりした後に発表させるようにする。

・こんきちがいじわるをしているのを見つけた時に、すぐに「やめろよ」と言えばよかった。

・こんきちにこわい顔でにらまれても、そのままにせず「やめろよ」と言えばぴょんこは泣かなくて済んだ。

5．様々な場面を想定して考えさせる

　教科書の資料ではこんきちがぴょんこにいじわるをしている場面のみが書かれており、「こんきちが悪い」とはっきり分かるようになっている。しかし、実生活の場面だとこのような単純な場面だけでなく、様々な要因が複雑に絡み合っている場合も少なくない。そのような場面を教師が想定して発問をすることで、さらに深い学びにつなげることができる。

　次々と意見を発表させるとよいが、意見が出にくい場合には、ノートに書かせたり、隣同士で言い合ったりした後に発表の時間を取るようにする。

> 【発問7】ぴょんこが泣き出さなかったら、ぽんたたちはそのまま通り過ぎてもよかったですか。

・ぴょんこが泣かなくても、嫌がっていたら注意しないといけない。
・よくないことだと思ったら、ちゃんと言わないといけない。

> 【発問8】先にぴょんこがこんきちにちょっかいを出していた場合、こんきちがぴょんこの耳を引っ張るのは許されますか。

・ぴょんこに悪いところがあったとしても、耳を引っ張るのはよくない。
・何があっても暴力はよくない。

> 【指示】今日の感想を書きましょう。

> 【評価のポイント】※発表や記述を元にする。
> **価値理解**　「正しいことはすぐに言うことが大切」といった内容を発表したり書いたりできたか。
> **人間理解**　どんな場面でも「いけないことはいけない」と言うといった内容を発表したり書いたりできたか。
> **他者理解**　友達の発表を聞くことができたか。自分と違う意見に対して、うなずいたり、納得したりできたか。

（山本眞央）

1年生の授業
「ありがとう」（光村図書）

1年

POINT! 多様な場面に触れさせ、実践力を高める。

【主体的な学びの発問指示】どんな時に「ありがとう」「ごめんなさい」を
言ったらいいですか。

【対話的な学びの発問指示】魔法が効く言い方にするには、何に気をつけますか。

【深い学びの発問指示】こんな時は言わなくていいよね。

まだ自己中心的な1年生は、状況判断ができず、「ありがとう」「ごめんなさ
い」を言いにくい場合も多い。

また、相手の気持ちを想像することが苦手でそのことで相手に悪い印象を与
えていても気付かないということもある。

気持ちを素直に伝えることで、自分もまわりも気持ちよさを感じられること
に気付かせる。礼儀の項目のページではこのように授業する。

1．「ありがとう」「ごめんなさい」は魔法の言葉だと知らせる

【発問1】友達と気持ちよく過ごすための魔法の言葉を知っていますか。

【発問2】同じ言葉でも、言い方や言う時によって、魔法が効く時と効か
ない時があります。どんな言い方がよいのでしょう。

子どもは「ありがとう」「ごめんなさい」ということは知っていても、言う
タイミングや言い方によって相手に気持ちの伝わり方が違うことには気付いて
いない場合が多い。

「どんな声」「どんな態度」で言うかに目を向けさせる。

あらかじめ子どもたちにポイントを出させておき、実際のモデリングに入る。

2．気持ちが伝わる例と伝わりにくい例を比較させる

まず、2つの「ありがとう」を教師がやって見せ、どこに違いがあるかじっ

くり見るようにさせる。

〔伝わらない例〕　しばらく時間をおいて、小さい声で、顔を見ずに、仕方ない感じで言う。

〔伝わる例〕　　　すぐに、元気な声で、顔を見て、心を込めて、笑顔で言う。

> 【発問3】どちらの言い方が、魔法が効く言い方でしょう。
>
> 【発問4】2つの言い方の違うところは、どこでしょう。

・声の大きさ　　・顔を見ているか　　・笑っているかどうか

　などが出されるだろう。「ありがとう」で考えさせた後、「ごめんなさい」も同様にモデリングし比較させる。

【主発問】
> 魔法が効く言い方にするためには、何に気をつけますか。

【ポイント】

　①すぐに　②顔を見て　③聞こえる声で　④気持ちが伝わるように
「ありがとう」の時は、「笑顔で」も付け足すとさらに魔法の効きがよくなる。ポイントを書いたカードを黒板に貼り常に意識させる。

3．ペアでロールプレイをさせる

　代表の子どもと教師がみんなの前でやって見せ、やり方と役割を確認する。「ありがとう」「ごめんなさい」の両方をしたら、交代して言う方と、言われる方の両方を体験させる。

> 【発問5】魔法はどちらに効きましたか。

　言われた時と言った時の両方の感想を発表させ、よい言い方をすれば、言われた方も言った方も気持ちがよくなる（魔法が効く）ことを確認する。

4．当たり前と思える場面でも考えさせる

> 【発問6】こんな時は「ありがとう」って言わなくていいよね。

・ご飯を作ってくれた親に―「おいしそうだね。ありがとう」。

・食べた後に――「おいしかった。ありがとう」。

・係の人が配ってくれたノートを受け取る時に――「ありがとう」。

　当たり前だと思っている時にも、「ありがとう」を言えば相手は嬉しくなることを知らせる。また、「わざとではないけどぶつかった」「筆箱を落とした」「前を通る時」など、わざとではない時も「ごめんなさい」と言うとお互いに気持ちがよくなる「魔法がかかる」ことを知らせる。

> 【発問7】他に「ありがとう」「ごめんなさい」の魔法が使える時はないかな。

　時間に余裕があれば、子どもたちに出させてみるのもよい。

　1年生が苦手な「相手の気持ちを想像する」ということの練習になるだろう。

5．場面カードゲームで実践力を高めさせる

> 【指示】こんな時には、なんと言うかな。
> 　　　　カードを引いて言ってみましょう。魔法がかけられるかな。

　いろいろな場面を数枚用意し、引いたカードの場面で「ありがとう」「ごめんなさい」を言う練習をする。「当たり前だと思える場面」も混ぜておく。

6．感想を発表させる

　気持ちを素直に伝えることで、お互いに気持ちがよいことを実感させ、実践への意欲を高める。

> 【評価のポイント】　※ロールプレイや発表の様子を元にする。
> 価値理解　伝わる言い方を考えて発表したり実践したりしていたか。
> 人間理解　気持ちを伝えた時のよさを話したり、発表したりしたか。
> 他者理解　友達の発表や感想を聞きながら活動していたか。

（吉田真弓）

2年生の授業
「ドッジボール」（東京書籍）

2年

 「はげましの言葉＝相手のいいところ＋気持ち」を具体的な行為で
理解する。

【主体的な学びの発問指示】 あなたなら、どんな言葉をかけますか。

【対話的な学びの発問指示】 お隣さんと言い合いっこできたら座ります。

【深い学びの発問指示】実際にやってみて、今どんな気持ちがしますか。

「ドッジボール」は、学級でドッジボールをしている主人公の、友達二人に対する態度の問題について考えることを通して、誰にでも分け隔てなく公平な態度で接することの大切さについて考えさせる資料である。

　ソーシャルスキルの活動を通して、どんな相手でも、よいところを積極的に見つけ伝えることが、公平、公正な態度につながることを理解させる。

1．資料を読み聞かせる

　教材を読む前に主人公を確認する。

「ゆかさんの気持ちを考えながら読みましょう」と投げかけておくことで、登場人物の誰に焦点を当てるかを明確にすることができる。

2．お話の状況を理解させる

　お話の状況を、簡単に確認していく。

　主人公「ゆかさん」の、二人の友達に対する態度の違いを押さえる。

【発問1】 ゆかさんと仲よしなのは誰ですか。―あい子さん。

【発問2】 ゆかさんはななみさんのことをどう思っていますか。―ボール
運動が得意でないから嫌だ。

【発問3】 ゆかさんはあい子さんがボールに当たった時、なんと声をかけたのですか。― 「おしかったね。いつもなら、とれたのに」。

【発問4】 ゆかさんはななみさんにはなんと声をかけたのですか。― 「ちゃんとにげてくれないと、まけちゃうよ」。

第Ⅳ章　あなたならどうする？「自分のこと」として考えさせる道徳授業づくり

3．主人公の行動について考えさせる発問をする

【主発問】
同じようにボールに当たったのに、あい子さんとななみさんへの声かけの
仕方が違ったのはなぜでしょう。
【指示1】道徳ノートに自分の考えを書きなさい。

・あい子さんはなかよしだから。・ななみさんのことは嫌だと思っていたから。
・ドッジボールで負けるのは嫌だから。・自分のチームがリードしていたから。

4．ターニングポイントを問う

【発問5】ゆかさんの気持ちが変わったのはどこですか。

まおさんの言葉を聞いて、ゆかさんの気持ちが変わったことを簡単に押さえる。

5．はげましの言葉を練習する

【発問6】（わたしもあい子さんにしたのと同じようにはげましのことばを
　　　　　かけたほうがよかったかな）とあります。あなたなら、どんな
　　　　　言葉をかけますか。

「あなたなら」と問うことで、課題を自分との関わりとして捉えられるように
する。
　少し時間をとって、隣同士で言わせてみる。二、三人に発表させる。

【説明】はげましの言葉は、すごいねという気持ちで相手を褒めたり、あ
　　　　りがとうと感謝したりする言葉です。それを、はげましの言葉＝
　　　　相手のいいところ＋気持ち　で言ってあげます。

【発問7】気持ちを表す言葉は、「すごいね」以外にどんな言葉がありますか。

・上手　・がんばったね　・よかったね　・うれしい　・ありがとう

【指示2】「いいところカード」を配ります。お隣の人のいいところを書いてみましょう。

【指示3】はげましの言葉にして言ってあげます。お隣さんと言い合いっこできたら座ります。立ちましょう。

【指示4】次に、グループでします。カードを右隣の人に回しましょう。カードに書いてある人に、はげましの言葉を言ってあげましょう。さっき言った相手のカードが回ってきたら、気持ちの言葉を変えて言ってあげましょう。

【はげましの言葉の例】

「だれかが泣いている時に、なぐさめてあげるのがすごいね」

「『いっしょにあそぼう』とか『だいじょうぶ？』とか言ってくれて、うれしかったよ」

「あきらめずがんばるところが、すてきだね」

6．活動を振り返る

【発問8】実際にやってみて、今どんな気持ちがしますか。

「言ってみて感じたことは？」「言われてみて感じたことは？」とたずね、両方の立場の気持ちを話させるようにする。

【指示5】今日の授業の感想を書きましょう。

【評価のポイント】 ※発表の様子や感想文を元にする。

価値理解　はげましの言葉を考えて伝えていたか。

人間理解　はげましの言葉を言って感じたことや、言われて感じたことを話したり、発表したりしたか。

他者理解　友達のいいところを積極的に見つけようとしていたか。

参考（国分康孝監修『ソーシャルスキル教育で子どもがかわる』図書文化、1999）

（香川優香）

3年生の授業 − 「怒り」の感情をプラスに変える言葉を身につける
「心をしずめて」（日本文教出版）

 POINT! 「アンガーコントロールフラッシュカード」を活用した道徳授業。

【主体的な学びの発問指示】
ともみのように怒ってしまってから後悔したことはありませんか。

【対話的な学びの発問指示】
あなたならどのようにして心をしずめますか。お隣と相談しましょう。

【深い学びの発問指示】
みんなの発表を聞いて、今どんな気持ちになりましたか。

「心をしずめて」（日本文教出版「生きる力」3年）は、主人公のともみが、親友の行動に腹を立ててしまったことを後悔するお話である。主人公の行動から、腹が立つことがあっても、気持ちを落ち着けるにはどうすればよいか考えさせたい。

「アンガーコントロールトレーニングキット」は、東京教育研究所から発行されている教材である。その内容のひとつである「アンガーコントロールフラッシュカード」を授業に取り入れることで、マイナス感情をプラスに変える言葉を身につけさせる。

1．資料を読み聞かせし、状況を確認する

教材を読む前に登場人物を確認する。
「ともみとあきこの間に、どんな出来事が起きるか、気をつけて聞きましょう」と投げかけておくことで、お話の状況をつかみやすくする。
資料を読み聞かせた後、出来事を簡単に確認する。

【発問1】ともみとあきこの間でどんな出来事がありましたか。
　　　　　―ともみがあきこに図工の絵を濡らされて怒ってしまった。
【発問2】ともみはずっと腹を立てたままでしたか。―ちがう。後悔して

いる。反省している。

【発問3】ともみはどのようにして心をしずめたのですか。―貯金箱を見
　　　　て、自分のしたことを振り返った。

2．自分自身の行動を振り返らせる

【発問4】ともみのように怒ってしまってから後悔したことはありませんか。
【指示1】お隣と話してみましょう。

【予想される子どもの考え】

・弟とけんかをして怒ってしまった。　・友達に言い返してけんかになった。

【主発問】

あなたならどのようにして心をしずめますか。
【指示2】お隣と相談しましょう。

【予想される子どもの考え】

・深呼吸する。　・「イライラする！」と言う。　・「嫌いだ！」と叫ぶ。
　子どもたちの考えから、特に言葉を使ったものを取り上げる。

3．「アンガーコントロールフラッシュカード」をする

【説明】実は、みんなの脳は主語が理解できません。こんなふうに「イラ
　　　　イラする！」とか「嫌いだ！」などのマイナスな言葉を使うと、
　　　　脳は自分も同じように言われたように感じてしまいます。
【指示3】今から、イライラした気持ちを言葉にして楽にするための勉強
　　　　をします。先生に続いて言ってみましょう。

　フラッシュカードの使い方は、1分間フラッシュカードと同様である。
①「教師→子ども→教師→子ども」の順番で言う。　②「教師→子ども」の順
　番で言う。　③「子ども」のみが言う。

4．鏡に映る自分への言葉を考える

一人１枚鏡を配付する。理科の実験用に使用するものでよい。

> 【発問5】鏡の中にいるあなたは今、とても腹を立てています。どんな言
> 　　　　　葉をかけますか。
> 【指示4】ノートに書きましょう。

　１つ書けたら持ってこさせる。「いいねぇ」「さっき習ったね！」などと言い
ながら丸をつけ、黒板に書かせる。黒板に書いた言葉を順に発表させる。
【自分への言葉の例】
・元気を出そう！　　・自分はできる！　　・たいしたことないさ！　　・自信を持
　て！

5．活動を振り返る

> 【発問6】みんなの発表を聞いて、今どんな気持ちになりましたか。
> 【指示5】ノートに授業の感想を書きましょう。

　この授業の後、多くの子どもたちが授業で学んだことを日常生活に活かそう
とするだろう。しかし、実際にはなかなかうまくいかない。
　小嶋氏（2012）は、以下のように述べる。

> 「落ち着けたこと」ではなく、「方法を実践したこと」を評価する。落ち着
> けたことを評価すると、最初の段階でどうしても評価が低くなります。
> （小嶋悠紀著『学級担任必携！発達障がいの子どもを"教えてほめる"ト
> レーニングBOOK』明治図書、p.42〜43）

　自分の心を切り替えるスキルとして、プラスの言葉を身につけさせたい。

> 【評価のポイント】　※発表の様子や感想文を元にする。
> 価値理解　プラスの言葉のよさを知り、使ってみたいという思いを持てたか。
> 他者理解　友達の意見を取り入れ自分の考えに付け加えようとしていたか。
> 人間理解　友達の発表や感想を聞きながら活動していたか。

（香川優香）

3 「情報の取り扱い」を道徳でこう授業する（1）

1年生の授業
「情報の正しい扱い方」の授業

1年

 どんなものを「情報」というのかを知り「情報」が他の人に伝わったらどんなことが起こるのか、想像することができるようにする。

【主体的な学びの発問指示】 みんなが知ってる、見た目じゃ分からない先生の秘密の情報、教えてくれる？

【対話的な学びの発問指示】「○○ちゃんって、今度の土日に旅行に行くんだって！」これは言っていいよね。

【深い学びの発問指示】 他に、知られると悪いことやこわいことが起こりそうなみんなの大切な情報はありますか。

「情報」とは、「あるものごとの内容や事情についての知らせ」である。ここでは子どもたちに分かりやすいように「何かについて知っていること」と伝える。子どもたちは、普段自分が何気なく喋っている内容が誰かにとっての情報であるという意識は希薄である。

　この授業では、まず「情報」とは何かを教え、対話を通して情報が悪用されるかもしれないということに気付かせていく。また、情報をむやみに広げず隠すことが大切だということに共感できるようにする。さらに、どんな情報が悪用されやすいか推測できるよう、多角的な見方を養うようにする。

1.「情報」とは何かを知る

　子どもたちはそもそもどういったものが「情報」なのか分からない。身近な先生を例に、対話を通して教えていく。

【発問1】 先生について、見て分かることを教えてください。例えば、「髪の毛をくくっています」どうですか？

【反応例】
・女の先生です。　　　　　　　・赤いセーターを着ています。
・髪の毛が長いです。　　　　　・黒色のくつをはいています。

第Ⅳ章　あなたならどうする？「自分のこと」として考えさせる道徳授業づくり

117

・めがねをかけています。　　・名札をつけています。

　子どもたちから出た意見を「みため」「もちもの」と位置付けて板書する。

> 【説明1】　みんなが発表したことは、先生の「情報」です。何かについて
> 　　　　　　知っていることを「情報」といいます。「情報」さんはい。
> 【発問2】　次に、みんなが知っている、見た目じゃ分からない先生の秘密
> 　　　　　　の情報、教えてくれる？

【反応例】

・1年A組の先生です。　　　　　　・子どもが二人います。

・自転車で学校に通っています。　・誕生日は○月○日です。

・給食をいっぱい食べます。　　　・猫が好きです。

　普段の会話から知っていることが次々に出てくることが予想される。1つ1つ認める。「せいかく」「とくい」「にがて」「かぞく」「たんじょうび」などと位置付けて、例示した教師のことだけでなく自分や友達に置き換えて考えられるような板書にしておく。

2．多角的な見方を身につける

> 【説明2】　黒板に書いたような情報が分かると、悪いこと、こわいことが
> 　　　　　　起こることがあります。そんな情報は言わない方がいいですね。
> 【発問3】　でも、「○○ちゃんって、今度の土日に旅行に行くんだって！」こ
> 　　　　　　れは言っていいよね。みんなに言っても悪いこと、起こらないよね。

【反応例】

・いいなあって思うけど、言ってもいいと思う。

・土日は家に誰もいないって分かるんじゃない？

・家に誰もいないって分かったらもしかしたら泥棒が入るかもしれない。

> 【発問4】　だったら「○○ちゃんはおうちの人が帰ってくるの遅いから、
> 　　　　　　帰ってくるまでずっと TV 見てていいんだって。いいなぁ」こ
> 　　　　　　れはいいよね。

【反応例】

・お家の人が家にいないっていうのが分かっちゃう。

・だめ！子どもだけって分かったらあぶない！

・悪い人が来るかもしれない！

　このような発問を通し、何気ない会話が危険につながるかもしれないことを対話から気付かせる。

3. もう一歩の突っ込み

> 【説明3】他に、分かると悪いことやこわいことが起こるかもしれないみんなの大切な「情報」はありますか。それが分かると、どんなことが起こりそうですか。

【反応例】

・電話番号が分かったら、悪い人が電話してくるかもしれない。

・住所が分かったら、悪い人が来るかもしれない。

・習い事のことが分かったら、家にいないから、泥棒が入るかもしれない。

・外に食べにいく日が分かったら、いない間に泥棒が来るかもしれない。

　他にも、他の人にむやみに知らせてはいけない情報はたくさんあるが、それは各家庭の状況によっても異なる。保護者とともに考えてもらうために、参観日にこの授業を行い、啓発することも1年生には必要である。

> 【指示】今日のお勉強の感想を書きましょう。発表できる人は発表しましょう。

> 【評価のポイント】　※授業中の発言や感想文を元にする。
> 価値理解　日頃のおしゃべりの中に、自分や友達があぶない目にあう「情報」があるかもしれないということが分かるか。
> 人間理解　情報はむやみに広げないほうがいいが、秘密にするのは難しそうだなというようなことが書けているか。
> 他者理解　自分の意見と異なる友達の意見を認めることができるか。

（犬飼佑子）

2年生の授業
「みんなのニュースがかり」（学研教育みらい）

 誰のために正しい情報を発信するのかを多面的・多角的に考えさせる。

【主体的な学びの発問指示】あなたは、けいすけくんに怒るのはおかしいという先生の意見に賛成ですか。反対ですか。

【対話的な学びの発問指示】グループで相談して、グループの意見をどちらかに決めなさい。

【深い学びの発問指示】ニュースがかりは、いい加減にしてはいけなかったけど、他の仕事なら少しいい加減にしても大丈夫ですか。

「情報社会で適正な活動を行うための基になる考え方と態度」を「情報モラル」という。低学年では、インターネットだけでなく、自分のまわりにある情報の扱い方を学んでいくことが大切になる。この授業では、「正しい情報を発信する大切さ」を学ばせる。ただ、道徳の授業であるので、道徳としての内容も踏まえて授業をしていく必要がある。

1．資料を読み聞かせる

まず、教師が資料を範読する。

子どもに読ませるのではなく、教師がゆっくりと読み聞かせをする。

2．お話の状況を整理する

お話の状況を、簡単に確認していく。登場人物やお話の内容を確認する。

【説明1】けいすけくんはニュースがかりなんだね。みんなの紹介をがんばって書いたんですね。でも、みんなは怒っていたんだね。

【発問1】けいすけくんは、どんな気持ちだったと思いますか。

この場面は時間をかけず行う。リズム・テンポよく進めていく。悲しい気持ちだったことなどが出るだろう。

【発問2】みんなが怒ったのは、なぜでしょうか。

「間違ったことが書かれていたから」などの意見が多く出されるだろう。

3．教師の意見に賛成か反対かで話し合う

さらに深く考えさせるために、次の発問をする。

【主発問】
でも、がんばってみんなの紹介を書いてくれたんだよ。サッカーチームが
違っていたり、ピアノの発表会の日が違っていてもいいんじゃないです
か？　けいすけくんに怒るのは、先生はひどいと思うんだけど。先生の意
見に賛成ですか。反対ですか。

理由もノートに書かせるようにする。これは意見が分かれることが予想される。グループで話し合わせると面白い。

【指示1】グループで相談して、グループの意見をどちらかに決めなさい。

まずグループで話し合わせる。本来グループの意見を絞る必要は無いのかもしれないが、それでは話し合いが白熱しない。どちらかに絞るようにすることで、話し合いが活性化する。グループで話し合うことで、自分のこととして考えることができる。

その後、グループの意見を発表した後、全体で話し合う。

全体で話し合う中で、もし、「怒るのはひどい」方に意見が流れるようなら、「じゃあ、間違っていてもよいのかな？」「自分の紹介が間違っていたらどう思う？」などの発問をしていくとよい。

間違った情報だと相手がどのような気持ちになるのかということや、どのような影響が出るのかが話し合う中で明らかになっていくようにする。

4．他の仕事にも広げる

【発問3】ニュースがかりは、いい加減にしてはいけなかったけど、他の
　　　　仕事なら少しいい加減にしても大丈夫ですか。

　当然よくないという意見が出るだろう。なぜよくないのかを尋ねるとよい。
どの仕事も大切な仕事であること、みんなのためになることであることを確認
する。

5．がんばっている子どもを紹介する

　最後に、クラスの中で係活動や当番の仕事などをがんばっている子どもを全
体に紹介する。写真などを撮っておき、見せながら紹介すると一層効果がある
だろう。

【説明2】先生は、クラスでこんな人を見つけました（写真を見せる）。他
　　　　にもたくさんがんばっている人がいます。先生はとても立派だ
　　　　と思いました。これからも自分の仕事をがんばっていきましょう。

最後に授業の感想を書かせる。
時間があれば、感想を全体に発表させるとよい。

【評価のポイント】　※感想文・話し合いを元にする。
価値理解　「間違ったことを書くと、他の人が困る」という内容が書かれ
　　　　　ており、「仕事をがんばると、みんなが喜ぶ」というようなこ
　　　　　とが書かれているか。
人間理解　よくないと分かっていても、「つい手をぬいてしまう」という
　　　　　ことが書かれているか。
他者理解　自分の意見と反対の友達の意見を認める内容が書かれているか。

（畦田真介）

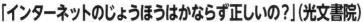

3 「情報の取り扱い」を道徳でこう授業する（3）

3年生の授業
「インターネットのじょうほうはかならず正しいの?」(光文書院)

 自分の問題として受け止め、深く自己を見つめる。

【主体的な学びの発問指示】みなさんは、はやとさんのような経験はありませんか。

【対話的な学びの発問指示】友達が間違った情報を発信していたらどうしますか。

【深い学びの発問指示】情報が正しいかどうか、どのように見極めればよいですか。

「インターネットのじょうほうはかならず正しいの?」は、インターネットで調べた情報を鵜呑みにしてしまった主人公が描かれている。インターネットの情報には、正しいもの、間違っているもの様々にあり、本当に情報が正しいかどうかを自分で見極めることが必要であることに気付かせる。また、正しいつもりでも間違った情報を流してしまう場合があることを理解させる。

1．アンケートの実施

道徳で授業を始める前に、アンケート等を実施するとよい。事前に、アンケートで子どもたちの実態を把握し、導入の段階でその結果を示すことで、目標とする道徳性に関わる問題意識を持たせたり、教材の内容に興味や関心を持たせたりすることが期待できる。アンケートは文部科学省HP「指導の手引き」におさめられている。

2．資料を読み聞かせる

まず、教師が資料を範読する。

子どもに読ませるのではなく、教師がゆっくりと読み聞かせをする。

【指示1】先生が読みます。目で追って読みなさい。

3．作品の主題を問う

　話の内容を簡単に確認していく。

> 【発問1】はやとさんはどんなことをしましたか。
> 【発問2】はやとさんは国語の授業でどうなりましたか。

4．体験を想起させる

> 【発問3】　みなさんは、はやとさんのような経験はありませんか。
> 【指示2】　ノートに記入しなさい。

　自分のこととして捉えさせる。経験がない場合は、身近でこのような事例があったかを考えさせる。

5．班で話し合いをする

　問題点と原因、どのようにすればよかったのかを考える。ノートに書き、班で話し合い、全体で共有する。

> 【発問4】みのるさんの行動は何がいけなかったのですか。
> 【指示3】ノートに書いて班で発表しなさい。

・インターネットのみに頼った。
・情報が正しいと思い込んだ。
・本などを使って調べなかった。
　などの意見が出ると予想される。間違った情報を発信してしまう可能性があることも伝える。

> 【発問5】はやとさんはどうすればよかったのですか。他の方法を考えなさい。
> 【指示4】ノートに書いて班で発表しなさい。

・インターネットに載っている情報を多く調べる。
・本などで確認する。

・親に聞く。

　どのようにインターネットで情報を調べたらよいかを考え、発表をする。自分自身に置き換えて考えさせる。必要な知識を教える。

・インターネットの情報は必ずしも正しいものではない。

・複数の情報を比べてみる必要がある。

・情報を疑ってみることが必要。（メディアリテラシー）

・自分が情報を伝える場合は正しいかどうかを確かめる。

6．知識をテストする

> 【指示5】　今日の感想を書きなさい。
> 【指示6】　インターネットで調べ物をすると時に注意する点を書きなさい。

　情報モラルについては、道徳の授業で「知識」として教えることができるものも多い。インターネットの情報に限らず「パスワードを教えない」「ネット詐欺の事例を知る」など、知識があるだけで、自分の身を守ることができることも多くある。知識はテストで評価することが可能である。グループで発表させるなどの簡単なテストでもよい。

　知識があるから必ず行動できるわけではないが、1つの側面として評価が可能である。

> 【評価のポイント】　※感想文、知識テストを元にする。
> 価値理解　「インターネットの情報の真偽を確かめなければならない」といった内容が書かれているか。
> 人間理解　「自分も間違った情報を流してしまう可能性がある」といった内容が書かれているか。
> 他者理解　自分の意見と反対の友達の意見を認める内容が書かれているか。

（出相洸一）

友達との付き合い方を考える 低学年

 具体的な行動をスキルとして教える。褒めて、行動を強化していく。

「相手のことを考える」とは「TOSS道徳生き方5原則」のうち、特に重要な原則の1つである。向山洋一氏は「先人に学ぶ」「他人のことを心から考える」を「心の教育」の2本柱であるとして、次のように書いている。

> 他人のことを考える－これは、自分の行動の判断基準といっていいでしょう。（中略：塩谷）その行動が「他の人のことを考えた」ものであるかどうかは、たいせつなことです。
>
> （向山洋一著『心を育てる学習法』主婦の友社）

「行動の判断基準」が大切だ。「相手のことを心から考える」ためには、低学年のうちから具体的な行動を系統的に教え、子どもたちが日常生活の中で判断し、選択できるようにしていくのだ。「相手のことを心から考える」行動の1つとして「あいさつ」を教材とした授業を紹介する。

【指示1】後について言います。
　　　①オークン（カンボジア）
　　　②バイラルラー（モンゴル）
　　　③チェーズティンバー（ミャンマー）

A 「した」をみながらいう

B 「あいて」をみながらいう

どれも同じ意味の言葉です。

【発問1】日本語では、なんという言葉でしょうか。
【説明1】日本で、「あなたを笑顔にしてくれる言葉　第1位」の言葉です。

　数名、指名する。「こんにちは」「さようなら」「ありがとう」などの意見が出る。まだ答えは言わない。

> 【指示2】同じ意味の言葉です。日本語で言うと、なんという言葉か分かったら手を挙げます。

その後④シェイシェイ⑤サンキュー⑥ありがとうまで提示していく。そして、みんなで声をそろえて「ありがとう」と言う。

> 【説明2】日本に「ありがとう」がつく曲は何曲あるのか調べました。「ありがとう」が題名の最初につく曲は153曲。題名の途中につく曲は1921曲もありました。
> 【説明3】「ありがとう」を言う時に大事なことをお勉強しましょう。
> 　　　　A：下を見ながら言う。　B：相手を見ながら言う。

> 【発問2】Aがいいですか。Bがいいですか。
> 【指示3】手を挙げます。A。B。

理由を聞いていく。「自分を見てくれると嬉しい気持ちがするから」などの理由が出される。「相手を見て言う」ことでまとめる。

> 【発問3】次。どちらがいいと思いますか。
> 　　　　A：怒って言う。　B：笑顔で言う。

> 【発問4】Aがいいですか。Bがいいですか。
> 【指示4】手を挙げます。A。B。

理由を聞いていく。「怒って言われると悲しい気持ちになるから」などの理由が出される。「笑顔で言う」ことでまとめる。

> 【発問5】どちらがいいと思いますか。
> 　　　　A：暗く言う。　B：明るく言う。

> 【発問6】Aがいいですか。Bがいいですか。
> 【指示5】手を挙げます。A。B。

理由を聞いていく。「暗く言われると感謝の気持ちが伝わらないから」などの理由が出される。「明るく言う」ことでまとめる。明るく言うためには「前歯」を見せるといいことを教える。

【発問7】どちらがいいと思いますか。
　　　　　A：お辞儀をしながら言う。　B：えらそうにしながら言う。

【発問8】Aがいいですか。Bがいいですか。
【指示6】手を挙げます。A。B。

理由を聞いていく。「偉そうに言うと失礼だから」などの理由が出される。「お辞儀をしながら」でまとめる。

ここまで学習を「ありがとうスキル」として4つにまとめたものを提示する。

【指示7】ありがとうスキルを使って、上手に言えるように練習します。
　　　　　みんなは、先生の言葉に合わせて「ありがとう」だけ言います。

・教師「相手を見ながら」→子ども「ありがとう」
・教師「笑顔で」→子ども「ありがとう」

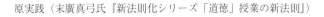

このように教師の指示に合わせて、練習させる。その都度、「とても上手だね」と褒めていく。何度かやった後、お隣さんとペアで練習させる。

本授業は以下の実践の修正追試である。授業コンテンツを右下のQRコードからダウンロードできる。

原実践（末廣真弓氏『新法則化シリーズ「道徳」授業の新法則』）

（塩谷直大）

「いじめ」はぜったいしない！の授業 低学年
「わたしのいもうと」（偕成社）

 POINT! 力のある資料で「弱いものいじめ」は決してしてはいけないことを教える。

　弱いものをいじめることは、決してしてはいけないことだ。たとえ低学年が相手でも、断固として授業の中で教えなくてはいけない。教えるためには「力のある資料」が必要となる。

『わたしのいもうと』作：松谷みよ子　絵：味戸ケイコ　（偕成社）

　いじめのこわさ、酷さを教える絵本である。この絵本を読み聞かせながら授業を進めていく。子どもたちを教師のまわりに集めて、座らせる。『わたしのいもうと』の絵本を始めから、「受け取ってくれないのです……」までを教師が読む。

　どの子もシーンとなって聞き入っている。

【発問1】この後、妹に対するいじめはどうなったと思いますか。

えほん「わたしのいもうと」をよみます。

「なくなった」「ひどくなった」と子どもたちは予想した。正解は言わずに、続きから、「ようやく妹は命をとりとめました」までを読む。

【発問2】いじめた人たちはどうなったと思いますか。

「反省した」「みんなから、叱られた」と子どもたちは予想した。

【発問3】この後、妹はどうなったと思いますか。

「いじめがなくなって、元気になった」
「また、学校に行けるようになった」と子どもたちは答えた。続きから、最後のページまでを読む。子どもたちは、真剣な表情で、こちらを見ながら聞いて

いた。

【説明１】最後に、妹は自分が思ったことを書いています。

妹の書いた文章を読む。「遊びたかったのに　勉強したかったのに」

【説明２】これは、本当にあった話です。松谷みよ子さんへ来た手紙をも
とにして作った作品だそうです。

本当の話であると知って、子ども
たちは驚いていた。
　子どもたちを自分の席に戻し、右
のような図を提示する。

【説明３】みなさんの頭には「脳」
があります。脳は３階
建ての家のようになっ
ています。

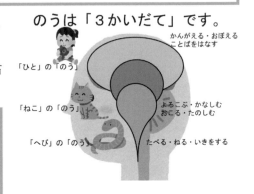

のうは「３かいだて」です。

「ひと」の「のう」　かんがえる・おぼえる
ことばをはなす

「ねこ」の「のう」　よろこぶ・かなしむ
おこる・たのしむ

「へび」の「のう」　たべる・ねる・いきをする

最初にヘビの脳の話をする。

【説明４】　１階には、「呼吸をしたり」「物を食べたり」「眠ったり」するた
めの脳があります。この脳が働かないと人間は生きていくこと
ができません。ヘビなどの「は虫類」にもあるので、「ヘビの
脳」と呼ばれています。

次に、ネコの脳の話をする。

【説明５】　２階は、喜んだり、怒ったり、悲しんだり、楽しんだりするた
めの脳です。動物にあるので「ネコの脳」と呼ばれています。
ここがうまく働かないと、泣いたり笑ったり怒ったりできなく
なるのです。

そして、ヒトの脳の話をする。

【説明6】 3階には「ヒトの脳」と呼ばれるところがあります。この脳
　　　　は、人間だけにあり、物を考えたり覚えたり言葉を話したりす
　　　　るための脳です。

いじめはどこを「こうげき」するか

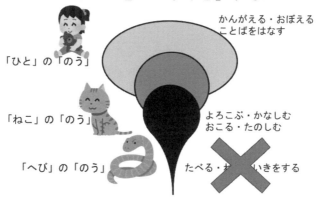

ヘビの脳、ネコの脳、ヒトの脳の働きを説明し、次のように発問する。

【発問4】 いじめは、どの脳を攻撃すると思いますか。

子どもたちは「ヒトの脳」と考える子が多かった。

【説明7】 答えはヘビの脳です。いじめられるとヘビの脳が痛めつけられ、
　　　　食べることや寝ることができなくなり、妹のようになってしまう
　　　　のです。ですから、いじめは絶対にしてはいけないのです。

　本授業は以下の実践の修正追試である。授業コンテンツを QR コードからダ
ウンロードできる。

原実践（向山洋一氏『心の教育フェスティバル』1996年）
参考実践（木村理子氏『TOSS ランド　No.7742995』）

（塩谷直大）

3 「世のため人のためになることをしよう」の授業

困っている人がいたら声をかけよう 低学年

POINT! 「力のある資料」で「車イス」への偏見を打ち砕く。

「世のため人のため」を教えるとは、「学ぶことは自分のためだけではない。人に役立つ学習もある」ということを教えることである。低学年の子どもたちに、体の不自由な人への偏見をなくし、理解するための授業を実施した。河田孝文氏（山口県）の修正追試である。

1．車イスの紹介

右のようなイラストを見せ、車イスについての基本事項を問答で押さえる。

車イス

体（脚）が不自由な人が
いどうするときにつかうもの
である。

いどうのときにこまるのは？

【発問1】どんな人が使いますか。

体（足）が不自由な人が移動する時に使うものである。

【発問2】移動の時に困ることはなんですか

階段・段差・せまい道・雨の日など……。可能ならば、子どもたちに「車イス体験」を実施するとよい。

【発問3】車イスを使う人についてどう思いますか。

全員が「かわいそう」と答えた。

2．車イスの人の真の気持ち

星野富弘さんの詩画集（カレンダー）を紹介し、感想を発表させた。「うまい」「きれい」などの賞賛の声ばかりである。そこで言う。

【発問4】どんな人が描いたと思いますか。

「絵の上手い人」「学校の先生」「画家」などの意見が出された。

【説明１】 この人は事故のため、脚だけでなく首から下が全部が動かないんです。星野さんは筆を口にくわえて絵も詩もかいているんです。

子どもたちからどよめきが起こる。信じられないといった表情である。ここで星野さんが書いた文章を読み上げる。

病院の玄関で車椅子に乗っている私を見て"かわいそうな人がいるもんだ"と言うような顔をしてとおりすぎる人もいました。４・５人の子供たちが珍しそうにまわりをとりかこんでついてきたこともありました。
わたしもけがをするまえは、あの人たちと同じように車椅子の人を見ていたことを思い出しました。
体が不自由な人は、ほんとうにかわいそうなんだろうか…。
もし、かわいそうだとすれば「かわいそうだ」と特別な目で見られながら生活しなければならないことの方が"かわいそう"なのではないだろうか。
そんなことを思わずにはいられませんでした。

「かぎりなくやさしい花々」（偕成社）

低学年の子どもでも意味が分かりやすいように、右のようなイラストを見せながら資料を読み聞かせた。子どもたちはシーンとなって聞き入っていた。感想を書かせて、発表させた。
「かわいそうじゃないんだと思った」「変な目で見てはいけないと思った」「車イスの人も普通に生活したいんだと思った」発表させた後に、次のように話した。

【説明２】 星野さんは首から下は動かないけど、口を使ってこんなに素晴らしい絵を描いているのです。これが、星野さんの生き方なのです。みんなには、みんなの生き方があるように、体の不自由な人にもその人なりの生き方があるのです。それを「かわいそう」と決めつけるのはよくないですね。星野さんは、あるテレビ番組で「私の人生は幸せです」と話していました。

そして「体の不自由な人は、かわいそうではなく不便なだけ」と板書する。

3．車イスの人に出会ったら

> 【発問5】 町で車イスの人に出会いました。何か困っている様子です。あ
> なたならどうしますか。

「声をかける」「恥ずかしいから何も言わない」「分からない」と意見が出た。
次の資料を読み聞かせて、授業を終えた。

> ○私は手足に障害を持っているため、1人で外出する時は電動車椅子を使
> う。右手でレバーを操作し、左手で体を支えないと安定しないので、雨天
> 時は大変だ。○ある日の夕方、車いすに乗っていると、強い雨が降り出し
> た。「早く家に帰るしかない」と思ったその時だった。小学校三、四年生
> くらいの女の子二人が「一緒に入ってください」と傘を差し出し、家まで
> 送ってくれたのだ。私はうれしさのあまり、「ありがとう」と言うのが精
> 一杯だった。○道中同じ年頃の子供とすれ違って「何してるの」と聞かれ
> ると、照れくさそうに「人間らしいことしてるんや」と答えていた彼女た
> ちのことを、一生忘れる事はないと思う。
>
> 平成8年5月12日付読売新聞「声」より

　子どもの感想には「困っている人がいたら、まず声をかけてみたい」「何を
してほしいか聞いてみたい」と書く子が多かった。

　原実践（河田孝文氏『ジュニアボランティア教育』1996年）

（塩谷直大）

4 「まず自分にできることをしよう」の授業

地球の環境を大切にしよう 低学年

 「力のある資料」と「教師の語り」で子どもたちの思考を促す。

　自分にできることを、すぐに、即座に、実行するという生き方を教えることが大切だ。相手は低学年である。どんなにささやかなことでもいい。自分にできることは、何かということを考えるような心を育てていきたい。

　自然愛護をテーマに次のような授業を行った。

> 【発問1】 学校からの帰り道。道路に空き缶が落ちていました。あなただったらどうしますか。お隣さんに言いなさい。

　列指名で発表させる。「拾う」「ゴミ箱に捨てる」「誰が捨てたのだろうと思う」「そのままにする」などの意見が出される。

> 【説明1】 1年生の女の子が書いた作文を紹介します。

　そう言って「朝日作文コンクール入選作」の布瀬さんの作文を読み聞かせる。以下に作文の一部を紹介する。

いたわる心って？
　布瀬沙緒里（1年）
　ある日、わたしが、学校からかえると中のみちに、あきかんがすててありました。
　（なぜみちにすてるのかしら。）とわたしは思いました。
　そういえば、いつかもすててありました。
　そのときはみどりのぼうしをかぶったおじさまが、ちりとりと、ほうきをもって、かんやたばこのすいがらをあつめていました。わたしは一つ、かんをひろってごみばこにすててみました。そしたら、とっても、いいきもちがしました。なんだか、心が、ぽっかぽかになってきました。
　でも、もし、自ぶんのおうちのおにわや、げんかんにごみをすてられた

ら、みんな、いやだと、わたしは、思います。一つずつかんやごみをす
てるたびに、その人の心は、かけたり、虫ばのように、黒くなっていっ
たりすると思います。みちはごみばこではありません。
　だから、どうぞみちにはすてないでください。そうすればちきゅうもよ
ろこぶと思います。（以下略：塩谷）

『教室で読み聞かせ：子どもの作文珠玉集２　人に役立つ心の芽ばえ作文23選』（明治図書）

　子どもたちはシーンとなって、聞き入っていた。

【説明２】この作文には「ちきゅうもよろこぶ」と書いてあります。
【発問２】「喜ぶ」の反対の意味の言葉はなんですか。

　すぐに「悲しむ」という答えが子どもたちから返ってきた。「その通りで
す。すごい」と褒めて、次のように聞く。

【発問３】どんなことをしたら「ちきゅう」が悲しむと思いますか。ノー
　　　　　トに書きなさい。

　書かせた後に発表させる。「ごみのポイ
捨て」「電気の無駄遣い」「ものを大事にし
ない」などが出された。その後、右のよう
なイラストを見せて、海洋汚染やマイクロ
プラスチックなどの問題について、子ども
たちに語りかけた。

海の生き物が
ごみを食べてしまう

マイクロ
プラスチック

【語り】ごみのポイ捨てというのは、地球全体で大問題になっています。
　　　　ビニール袋やストロー、ペットボトルというのは、プラスチック
　　　　という材料でできています。風で飛ばされたり、雨で流されたり
　　　　したプラスチックごみは、やがて海にたどり着きます。海では、
　　　　波にさらされて、プラスチックごみは目に見えづらいほど、細か
　　　　く砕かれます。小さなが小さなごみが、海を漂っているんです。
　　　　そのごみを、お魚や海の生き物が、エサと間違えて食べてしまう
　　　　んです。

「かわいそう！」という声が上がった。子どもたちの心理的負担に配慮し、人体にまで入り込んでいる可能性が高いという話はしなかった。さらに右のようなイラストを示しながら、「排気ガス」や「酸性雨」についても簡単に説明した。

> 【説明3】酸性雨について小学生が書いた作文を紹介します。

そう言って「朝日作文コンクール入選作」の仙賀さんの作文を読み聞かせる。以下に作文の一部を紹介する。

> さんせい雨
> 仙賀陽光（6歳）
> お母さんと、かがくの本にのっていたさんせい雨のことを話し合った。車から出るはい気ガスや工場のけむりがさんせい雨のもとになるんだよ。さんせい雨は、すっぱい雨で、そのせいでブロンズぞうがとけたり、アサガオの花が水玉もようになったりする。それに山の木がそだたなくなるし、湖の魚がしんでしまうんだよ。みんなそんなこといやだよね。ぼくもいやだよ。（以下略：塩谷）
>
> （『教室で読み聞かせ：子どもの作文珠玉集2　人に役立つ心の芽ばえ作文23選』明治図書）

読み聞かせた後に、感想を書かせた。「ごみをポイ捨てしないようにしたい」「わたしもゴミが落ちていたら拾いたい」「地球を大切にしたい」などの感想が多かった。子どもの作文には、心に訴えかける力がある。「力のある資料」で、自分にできることを考えさせることができた。

（塩谷直大）

「夢に向かって努力する」ことを教える授業 低学年

 POINT! あきらめないで努力することの大切さを教える。

「僕は勉強が苦手だ」「私は何も得意なことがない」
など自分の夢や目標に向かって努力する気持ちをもて
ない子どもたちがいる。そんな子どもたちに、2年生
最後の授業として、道徳の授業をプレゼントした。あ
きらめずに夢をつかんだ先人、アニャンゴ（向山恵理
子氏）を教材とした授業である。

ニャティティの画像を提示する。

【指示】画面を見なさい。
【説明1】これは、ニャティティという楽器です。

「ケニアという国で生まれた楽器です。この楽器は、ケニアの人でも、特別な
人でないと演奏者になれないのです。しかも、それは男性だけ、というきまり
がありました」と説明し、ケニアの場所を地図で示す。次に、向山恵理子さん
の画像を提示する。

【説明2】このニャティティが大好きで、演奏者になりたい。と思った女
　　　　　性がいました。日本人です。向山恵理子さんといいます。
　　　　　ケニアのニャティティの名人は言いました。

　　　　　—「外国人には教えない」。
　　　　　—「女性がニャティティを弾きたいなんて、意味が分からない」。

【発問1】名人の言葉をどう思いますか。

「教えてあげればいいのに」「女性だからダメなんて、おかしい」などの反応
が返ってきた。

【説明3】 それぞれの国に、昔から続くきまりがあるものなのです。

　ここで向山恵理子さんがニャティティを演奏している映像を流す。

【説明4】 ところが恵理子さんは女性外国人として世界初のニャティティ
　　　　　演奏者として認められ、ケニアの文化親善大使に選ばれ、ケニ
　　　　　アで最も有名な日本人となりました。

【発問2】 ケニアの名人たちにニャティティを教えてもらうため、そして
　　　　　演奏者として認めてもらうために、恵理子さんはどんなことを
　　　　　したと思いますか。予想してノートに書きなさい。

　列指名で発表させる。「何回もお願いした」「たくさん練習して上手になっ
た」「ケニアに何回も行った」などが出された。

【説明5】 ニャティティの演奏者として認められるまでに恵理子さんがし
　　　　　たこと、恵理子さんに起こったことを紹介します。
　　　　　①お父さんお母さんの反対を押し切ってケニアに行った。
　　　　　②毎朝5時に起きて猛勉強した。
　　　　　③ケニア語とルオー語も勉強し、マスターした。
　　　　　④ニャティティの練習を毎日3時間した。
　　　　　⑤ニャティティの歴史やケニアの国の文化を学んだ。
　　　　　⑥有名な名人に師匠になってもらい、一緒に住んだ。
　　　　　⑦水道がないので、毎日30分かけて水をくみにいった。
　　　　　⑧洗濯やお風呂は5リットルの水（ペットボトルで量を示す）
　　　　　　を繰り返し使って行った。
　　　　　⑨マラリアという病気にかかった。
　　　　　⑩名人の演奏を聴いてまねをしてニャティティを覚えた。

　順番に紹介していくたびに、子どもたちからどよめきが起きていた。2年生
の子どもたちでも、驚く内容だった。

【発問3】 恵理子さんは、なぜこのような努力ができたのだと思いますか。

「ニャティティが好きだから」「上手になりたかったから」

【説明6】恵理子さんが高校生の時、お父さんからもらった手紙です。
「自分でね、心の底から『そうだ』と思えることを求めていらっしゃい。人にどう思われようと関係のないことです」
そして、ケニアに行く時に恵理子さんがお父さんに書いた手紙です。
「私もプロとして人間として一人前になりたいのです。苦労を買ってでも成長したいのです。すべては尊敬する父のように、一人の大人として社会で立派な仕事をするためです。その覚悟をもって選んだ道です」
恵理子さんにとっては、ニャティティが「心の底から『そうだ』と思えること」だったのです。

授業の最後に恵理子さんの言葉を紹介した。

【説明7】「あなたには、あなたにとっての『ニャティティ』がある」。みなさんも、将来、自分の夢や目標を見つけたら、努力を続けることを諦めないでください。

子どもたちの感想には「僕も自分の夢に向かって頑張りたい」「諦めないアニャンゴさんはすごい」などの前向きな感想が多かった。

原実践（三島麻美氏『夢の実現（島根発アニャンゴ授業ファイル）』TOSSランドNo.1223288を低学年に合わせて言葉を易しくするなど修正したもの）
参考文献（向山恵理子著『もっと遠くへ』『アニャンゴの新夢をかなえる法則』学芸みらい社）

（塩谷直大）

◎執筆者一覧　　※印は編者

原田はるか	兵庫県公立小学校教諭
津田泰至	兵庫県公立小学校教諭
堀田知恵	兵庫県公立小学校教諭
大濱和加子	兵庫県公立小学校教諭
堀田和秀	兵庫県公立小学校教諭　※
三枝亜矢子	兵庫県公立小学校教諭
下窪理政	山口県公立学校教諭
平松英史	福岡県公立小学校教諭
大井隆夫	福岡県公立小学校教諭
信藤明秀	愛媛県公立小学校教諭
三俣貴裕	群馬県公立小学校教諭
松島博昭	群馬県公立小学校教諭
田中健太	群馬県公立小学校教諭
三枝亜矢子	兵庫県公立小学校教諭
片山陽介	岡山県公立小学校教諭
畦田真介	岡山県公立小学校教諭
山本眞央	岡山県公立小学校教諭
吉田真弓	岡山県公立小学校教諭
香川優香	岡山県公立小学校教諭
犬飼佑子	岡山県公立小学校教諭
出相洸一	岡山県公立小学校教諭
塩谷直大	北海道公立小学校教諭

◎監修者

谷　和樹（たに・かずき）

玉川大学教職大学院教授

◎編者

河田孝文（かわた・たかふみ）　山口県公立小学校教諭

堀田和秀（ほりた・かずひで）　兵庫県公立小学校教諭

授業の腕が上がる新法則シリーズ

「道徳」授業の腕が上がる新法則　1〜3年生編

GAKUGEI
MIRAISHA

2020年5月25日　初版発行

監　修　谷　和樹
編　集　河田孝文・堀田和秀
執　筆　「道徳」授業の腕が上がる新法則　1〜3年生編　執筆委員会

発行者　小島直人
発行所　株式会社 学芸みらい社
　　　　〒162-0833 東京都新宿区箪笥町31 箪笥町SK ビル
　　　　電話番号 03-5227-1266
　　　　http://www.gakugeimirai.jp/
　　　　e-mail:info@gakugeimirai.jp
印刷所・製本所　藤原印刷株式会社
企　画　樋口雅子
校　正　岡野真実
装　丁　小沼孝至
本文組版　本郷印刷株式会社

ISBN978-4-909783-38-7 C3037

授業の腕が上がる新法則シリーズ　全13巻

監修：谷 和樹（玉川大学教職大学院教授）

新指導要領対応！

新教科書による「新しい学び」時代、幕開け！
2020年度からの授業スタイルを「見える化」誌面で発信！

4大特徴

基礎単元＋新単元をカバー	授業アイデア＆スキル大集合
授業イメージ、一目で早わかり	新時代のデジタル認識力を鍛える

◆「国語」授業の腕が上がる新法則
村野 聡・長谷川博之・雨宮 久・田丸義明 編
978-4-909783-30-1 C3037　本体1700円（＋税）

◆「算数」授業の腕が上がる新法則
木村重夫・林 健広・戸村隆之 編
978-4-909783-31-8 C3037　本体1700円（＋税）

◆「生活科」授業の腕が上がる新法則※
勇 和代・原田朋哉 編
978-4-909783-41-7 C3037　本体2500円（＋税）

◆「図画工作」授業の腕が上がる新法則
1～3年生編※
酒井臣吾・谷岡聡美 編
978-4-909783-35-6 C3037　本体2400円（＋税）

◆「家庭科」授業の腕が上がる新法則
白石和子・川津知佳子 編
978-4-909783-40-0 C3037　本体1700円（＋税）

◆「道徳」授業の腕が上がる新法則
1～3年生編
河田孝文・堀田和秀 編
978-4-909783-38-7 C3037　本体1700円（＋税）

◆「プログラミング」授業の腕が上がる新法則
許 鍾萬 編
978-4-909783-42-4 C3037　本体1700円（＋税）

◆「社会」授業の腕が上がる新法則
川原雅樹・桜木泰自 編
978-4-909783-32-5 C3037　本体1700円（＋税）

◆「理科」授業の腕が上がる新法則※
小森栄治・千葉雄二・吉原尚寛 編
978-4-909783-33-2 C3037　本体2400円（＋税）

◆「音楽」授業の腕が上がる新法則
関根朋子・中越正美 編
978-4-909783-34-9 C3037　本体1700円（＋税）

◆「図画工作」授業の腕が上がる新法則
4～6年生編※
酒井臣吾・上木信弘 編
978-4-909783-36-3 C3037　本体2400円（＋税）

◆「体育」授業の腕が上がる新法則
村田正樹・桑原和彦 編
978-4-909783-37-0 C3037　本体1700円（＋税）

◆「道徳」授業の腕が上がる新法則
4～6年生編
河田孝文・堀田和秀 編
978-4-909783-39-4 C3037　本体1700円（＋税）

各巻A5判並製
※印はオールカラー

激動する社会の変化に対応する教育へのパラダイムシフト ―― 谷 和樹

　PBIS（ポジティブな行動介入と支援）というシステムを取り入れているアメリカの学校では「本人の選択」という考え方が浸透しています。その時の子ども本人の心や体の状態によって、できることは違います。それを確認し、あくまでも本人にその時の行動を選ばせるという方法です。これと教科の指導とを同じに考えることはできないかも知れません。しかし、「本人の選択」を可能にする学習サービスが世界的に広がり、増え続けていることもまた事実です。
　また、写真、動画、Webページなど、全教科のあらゆる知識をデジタルメディアで読む機会の方が多くなっているのが今の社会です。そうした「デジタル読解力」について、今の学校のカリキュラムは十分に対応しているとは言えません。
　子どもたち「本人の選択」を保障する考え方、そして幅広い「デジタル読解力」を必須とする考え方を公教育の中で真剣に考える時代が到来しつつあります。
　本書ではこうしたニーズにできるだけ答えたいと思いました。
　本書の読者のみなさんの中から、そうした問題意識をもち、一緒に研究を進めていただける方がたくさん出てくださることを心から願っています。